Mein Pferd muss

abspecken!

Mein Pferd muss **abspecken!**

Dicke Pferde erfolgreich schlank machen – so purzeln die Pfunde

von Birgit van Damsen
und Romo Schmidt

CADMOS
PFERDEBÜCHER

Gestaltung und Satz: Ravenstein, Verden
Titelfoto: Birgit van Damsen
Fotos: Birgit van Damsen
Grafiken: Romo Schmidt
Druck: Westermann Druck Zwickau GmbH.

Printed in Germany

ISBN 3-86127-536-8

Inhalt

1

Dick und rund ist ungesund!

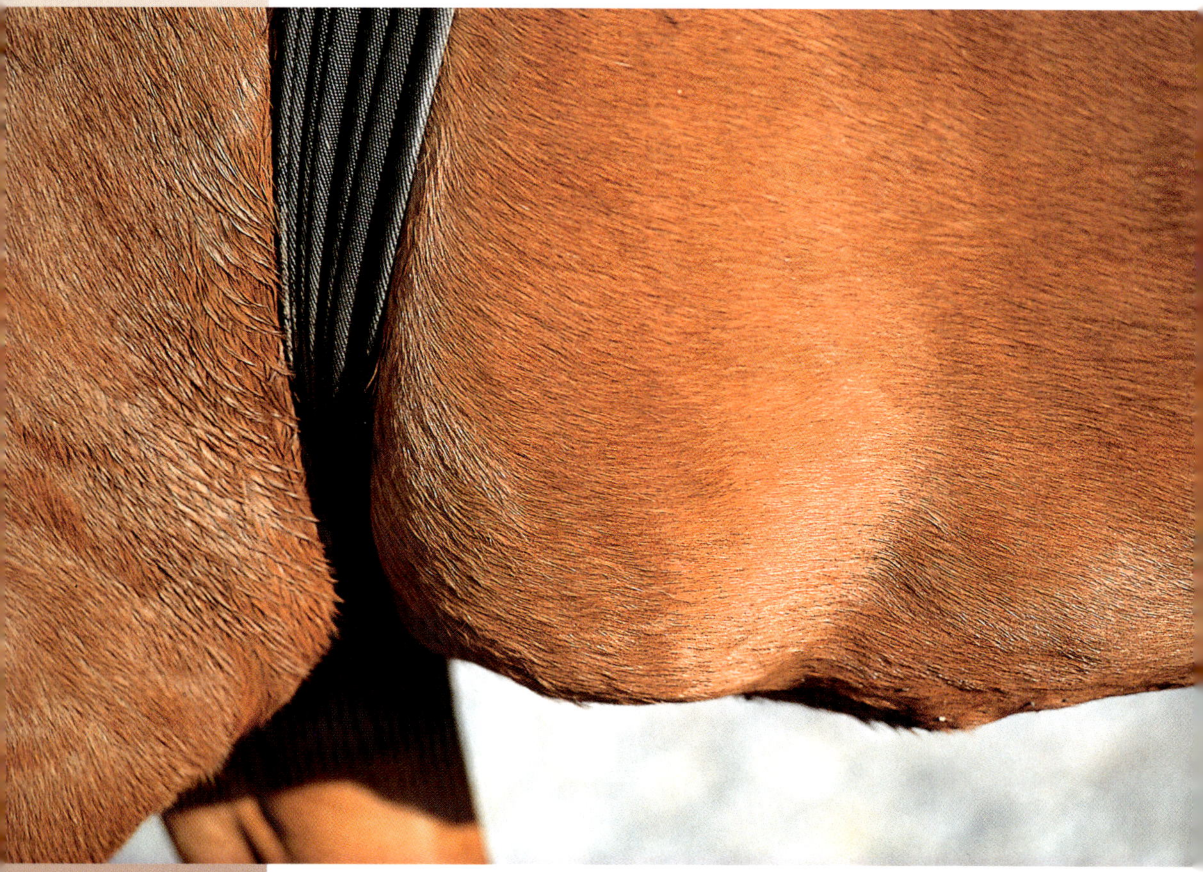

Wer es so weit kommen lässt, sollte sich ernsthafte Gedanken machen!

Übergewichtige oder gar fette Pferde sind heute leider keine Seltenheit. Insbesondere genügsame Pony- und so genannte Robustpferderassen wiegen häufig zu viel. Dabei nehmen die Pferde oftmals nur langsam und unmerklich zu und erst, wenn der Sattelgurt nur noch mit Mühe verschnallt werden kann oder ein Außenstehender eine kritische Bemerkung macht, wird deutlich, dass das Pferd zu dick ist.

Dabei ist Übergewicht beim Pferd nicht nur ein unschöner Anblick, sondern zieht auf Dauer vor allem gesund-

Teufelskreislauf für übergewichtige Pferde

heitliche Schäden nach sich. Denn durch zu viele Pfunde werden Gelenke, Sehnen und Bänder ständig überlastet, was zu Bein- und Rückenleiden führen kann. Auch geht Übergewicht zu Lasten von Herz, Lunge und Stoffwechsel. So sind zu dicke Pferde nachweislich anfälliger für Stoffwechselstörungen wie Hufrehe oder das Cushing Syndrom – eine Art Altersdiabetes –, das vor allem korpulente Pferde ab dem zwanzigsten Lebensjahr betrifft. Darüber hinaus begünstigt Übergewicht viele Arten von Hauterkrankungen wie zum Beispiel das Sommerekzem. Nicht zuletzt sind schwergewichtige Pferde weniger leistungsbereit, werden mit der Zeit immer fauler und träger, was schließlich eine zusätzliche Gewichtszunahme zur Folge hat. Diesen Teufelskreislauf, gilt es zu durchdringen.

Dieser Ratgeber soll Pferdebesitzern helfen, die Gründe für die Dickleibigkeit ihrer Pferde herauszufinden, zeigt, wie man tatsächliches Übergewicht feststellen kann, und führt die möglichen Folgen für fette Pferde auf. Schließlich wird erklärt, welche Maßnahmen erforderlich sind, die Überpfunde seines Pferdes erfolgreich abzuspecken.

Zahlreiche Extratipps, übersichtliche Tabellen und anschauliche Grafiken sollen zum besseren Verständnis und zur Bewältigung des Problems „dicke Pferde“ beitragen.

2 Die Ursachen von Übergewicht bei Pferden

Die Gründe für Fettpolster beim Pferd sind in der Regel:

- Zu viel Rau- und Kraft- beziehungsweise Zusatzfutter
- Eine gute Futterverwertung
- Übermäßige Grasaufnahme
- Nicht kontrollierbare Zufütterungen
- Bewegungsmangel

Die meisten so genannten Robustpferderassen wie zum Beispiel Norweger und Shetlandponys, aber auch sehr genügsame Rassen wie Araber oder Mangalargas verwerten sowohl Kraft- als auch Raufutter besonders gut und setzen darum eher Fett an als andere Rassen wie beispielsweise Warmblüter oder Englische Vollblüter.

In den Ursprungsländern jener Rassen fanden die Tiere oft nur wenig, karges und mageres Gras, welches mit den hochgezüchteten mitteleuropäischen Weidegräsern nicht zu vergleichen ist. Ihre Futterverwertung hat sich über Jahrhunderte auf dieses spärliche und kalorienarme Nahrungsangebot eingestellt, das heißt sie benötigen weniger Brennstoffe (verdauliche Energie) für den Erhaltungs- beziehungsweise Leistungsbedarf. Überschüssige Brennstoffe werden dann als Fettreserve (so genanntes Depotfett) eingelagert; solche Fettdepots sind überall am und im Körper in unterschiedlichen Formen und Größen vorhanden.

Auch eine übermäßige Aufnahme von Frischgras in der Weidesaison, insbesondere von sehr kohlenhydrathaltigem Frühjahrsgras bei üppigem Aufwuchs, lässt viele und besonders leichtfuttrige Pferde schnell zunehmen.

Zu unkontrollierten Zufütterungen kommt es besonders beim Weidegang, aber auch in Stallungen mit leicht zugänglichen Außenboxen durch Spaziergänger oder Reitstallbesucher, die den Pferden allerlei ungeeignete Leckereien wie Brot und Zuckerwürfel zustecken.

Schließlich bewegen sich viele dicke Pferde zu wenig, das heißt sie sind meist schwerfällig und laufen im Auslauf oder auf der Weide nicht viel von sich aus. Werden diese Pferde dann noch zu selten gearbeitet und zu wenig gefordert, nehmen sie zu. Je dicker sie jedoch werden, umso lustloser und träger werden sie auch.

Häufig sind mehrere oder alle der oben genannten Faktoren für eine Gewichtszunahme verantwortlich. Kommt jedoch keiner dieser Gründe für das Übergewicht in Frage, muss abgeklärt werden, ob eventuell organische Erkrankungen wie zum Beispiel eine Schilddrüsen-

Fütterungen am Koppelzaun sollte man strikt unterbinden.

unterfunktion oder bei Stuten eine bislang unentdeckte Trächtigkeit (gar nicht mal so selten!) vorliegen. Bei kranken oder trächtigen Pferden dürfen auf keinen Fall Maßnahmen zum Abnehmen wie Futtereinschränkung oder vermehrte körperliche Beanspruchung durchgeführt werden!

Gute Futterverwertung

Jedes Pferd ist dauerhaft auf die Zuführung von Energie angewiesen: um sich bewegen zu können, für die Gewebsneubildung, um die Funktion der Organe zu gewährleisten und zur Erhaltung der Körpertemperatur. Dabei gelangen die mit dem Futter aufgenommenen Energieträger nach dem Verdauungsvorgang in Form von Zuckern, Fettsäuren und Aminosäuren über die Darmwand und den Blutkreislauf zu den Körpergeweben. Die Geschwindigkeit dieser Energiezufuhr ist unterschiedlich.

Einige Zuckerarten wie zum Beispiel Monosaccharide stehen dem Pferd bereits nach ein bis zwei Stunden zur Verfügung, während andere Kohlenhydrate in vier bis sechs Stunden umgesetzt werden.

Tabelle 1: Nahrungsaufschluss und Aufnahme im Verdauungstrakt des Pferdes

Ort	Nährstoff (Futtermittel)	Umwandlungsprodukt
Maul/Kopfdarm	Zerkleinerung des Futters; Speichel enthält Mineralstoffe zur Neutralisierung der im Magen entstehenden Säuren	Futterbrei
Magen	Zucker, Stärke (Getreide)	Proteine, Milchsäure, Fettsäuren
Dünndarm	Zucker, Stärke, Eiweiße, Fette (Melasse, Getreide, Öle)	Glucose, Fructose, Amino- und Fettsäuren
Dickdarm (Blinddarm, Mastdarm, Grimmdarm)	Zellulose, Hemizellulosen (Raufutter, Trockenschnitzel)	Milchsäure, flüchtige Fettsäuren, Pektine, Mikrobeneiweiß, Vitamine

Magen-Darm-Trakt

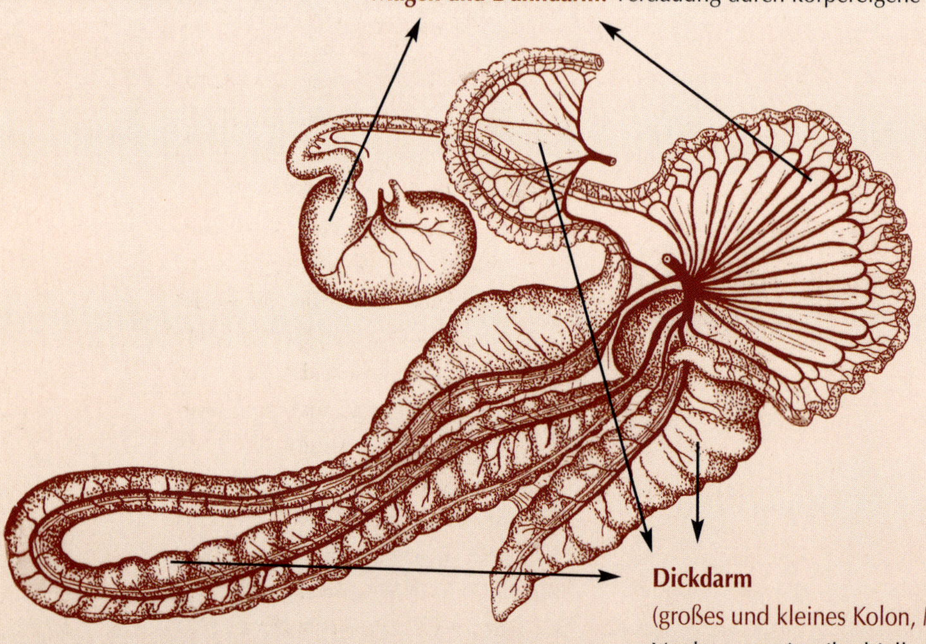

Um kurzfristige Höchstleistungen zu erbringen, verfügt der Pferdekörper über Energiespeicher (Muskeln, Leber), die er dann abrufen kann. Um fehlende Energie über einen längeren Zeitraum aus dem eigenen Körper abzurufen, legt sich das Pferd so genannte Fettdepots an. Dabei ist der Umfang dieser Fettdepots im Vergleich zu anderen Tieren relativ gering und umfasst circa zehn bis zwanzig Prozent des Gesamtkörpermasse (also bei einem 500 Kilogramm schweren Pferd etwa 50 bis 100 Kilogramm). Wichtig in diesem Zusammenhang ist, dass die Fettreserven eines Pferdes nur in längerfristigen Zeiträumen zur zusätzlichen Energiegewinnung hinzugezogen werden können und sich entsprechend langsam wieder nachbilden. Sind diese Fettdepots in großen Teilen aufgebraucht (anzustrebender Futterzustand), wird schließlich auch eiweißhaltiges Gewebe als Energiereserve abgebaut (Abmagerung).

Weshalb legt ein Pferd Fettreserven an?

Das Anlegen von Depotfett ist eine sinnvolle und naturgegebene Sicherheitseinrichtung des Pferdes und garantiert(e) ihm das Überleben. In Zeiten reichlichen Nahrungsvorkommens wird die aufgenommene überschüssige Energie (Brennstoffe) als Depotfett im und am Körper an verschiedenen Stellen so angelegt, dass dieses in kargen, futterarmen Zeiten durch leichten Zugriff und in langsam ablaufenden Vorgängen aufgebraucht und umgesetzt werden kann.

Diese Abläufe sind bei jedem Pferd verschieden. Kleineren Pferden wird dabei eine größere Verdaulichkeit beigemessen als größeren, das heißt ein kleines Pferd setzt aus Rau- und Kraftfutter mehr Energie um als ein größeres Pferd.

Grundsätzlich kann man Pferde in zwei übergeordnete Gruppen (nach Speed/Eberhardt) einteilen:

- Pferde aus Kaltklimazonen („Nordpferde") und
- Pferde aus Warmklimazonen („Südpferde")

Pferde aus Kaltklimazonen sind Isländer, norwegisches Fjordpferd und Haflinger, aber auch Kaltblüter wie zum Beispiel Finnpferde können in diese Gruppe eingeordnet werden. Sie entwickelten sich in kargen Gebieten (Tundren, Gebirgen) mit energiearmem Futter aus Hochebenen und höher gelegenen Steppen. Sie weisen einige rassetypische Merkmale auf: ein charakteristisches Schutzhaar mit langem Mähnen-, Schopf- und Schweifhaar sowie Fesselbehang. Meist bauen sie ein dichteres Winterfell auf und verfügen in der Regel über ein dickeres Unterhautfettgewebe als ihre südländischen Artgenossen. Auch die Art und Weise der selbstständigen Bewegung auf Koppeln oder Paddocks unterscheiden sie oft von Südpferden: Sie gehen insgesamt sparsamer mit ihrer freiwilligen Fortbewegung um und verbrauchen daher weniger Energie. Sie besitzen also eine relativ geringere Eigendynamik, die jedoch nichts mit Trägheit zu tun hat, sondern ein naturgegebener Eigenschutz gegen das Auskühlen in kalten Regionen ist.

Pferde aus Kaltklimazonen verwerten ihr Futter sehr gut.

Schwitzen könnte bei frostigen Temperaturen lebensbedrohlich werden.

Aufgrund ihrer Entwicklung wird den Nordpferden auch eine optimale Futterverwertung zugesprochen, das heißt sie verwerten sowohl Baustoffe als auch Brennstoffe sehr gut und benötigen daher weniger Futter als ihre südlichen Artgenossen.

Pferde aus Warmklimazonen sind beispielsweise Warmblüter, Vollblüter, Quarterhorses, Andalusier oder Lusitanos. Sie bilden meist ein dünneres Winterfell, haben ein geringeres Unterhautfettgewebe und ein minder ausgeprägtes Deckhaar.

Sie bewegen sich im freien Auslauf mehr als ihre nördlichen Artgenossen, spielen und toben öfter (gesteigerte Eigendynamik). Auch die Futterverwertung ist im Allgemeinen nicht so ausgeprägt wie bei den Nordpferden.

Sonderstellungen nehmen das Arabische Pferd und die südamerikanischen Rassen wie Paso, Mangalarga und Criollo ein, welche mit ihrem Ursprung in kargen Wüstensteppen oder spärlichen Pampalandschaften sehr genügsam sind und über eine ausgezeichnete Futterverwertung verfügen.

Insgesamt gesehen werden aufgrund dieser rassespezifischen Einteilung mit ihren Besonderheiten so genannte Nordpferde bei gleicher, aber gewichtsorientierter Fütterung eher dick als Pferde aus Warmklimazonen.

Besonders die norwegischen Fjordpferde nehmen verhältnismäßig schnell zu. Bei ihnen muss man bei der Heufütterung noch bedachtsamer vorgehen als bei anderen Robustrassen. Sie können die Nahrung außerordentlich gut aufschließen und benötigen einen deutlich reduzierten Bedarf an Energie und Eiweiß.

Neben dieser allgemeinen Aufteilung gibt es natürlich auch innerhalb der Rassen Unterschiede bezüglich der Futterverwertung.

Fehlernährungen

Fehlernährungen spielen bei der Gewichtszunahme des Pferdes eine zentrale Rolle. Neben nicht bedarfsorientierter Fütterung und unkontrolliertem Weidegang sind vor allem stark kohlenhydrathaltige Futtermittel schuld am Entstehen des Übergewichtes.

Übermäßige Aufnahme fetter Gräser

Die Grünlandgemeinschaft auf unseren heimischen Weideflächen setzt sich in erster Linie aus Gräsern zusammen, die für die Rinderhaltung angelegt wurden. Diese modernen Gräser wie Weidelgras oder Wiesenlieschgras machen unsere Pferde fett, krank und wenig satt.

Auch die daraus gewonnen Grünlandprodukte beziehungsweise Grundfuttermittel wie Heu und Grassilagen enthalten neben viel Eiweiß vor allem Kohlenhydrate wie Zucker (Fruktan) und Stärke, jedoch wenig Rohfaser. Dies ist besonders bis zur ersten Blüte der Gräsergemeinschaft der Fall, während sich die Pflanzenstruktur dieser Weidegräser danach bis zum Herbst verändern. Das frische, saftige, energie- und eiweißreiche Gras wird dann zunehmend strukturreicher und holziger und wäre dann eher für die Pferdefütterung geeigneter.

Zuckerreiche Gräser liefern zu viel Energie.

> Wiesen und Weiden sind künstlich geschaffene Standorte zur intensiven Futterproduktion für Rinder.
> Im Vorfeld war nicht abzusehen, dass später so viele Pferde diese Grünflächen besiedeln würden.

Dicke Pferde dürfen nicht uneingeschränkt Gras fressen.

Vor rund 75 Jahren war die Gräsergemeinschaft auf Heuwiesen und Weiden noch ganz anders strukturiert und bestand hauptsächlich aus Magerpflanzen wie Schafschwingel (Bergwiesen), Ruchgras (Heide), Zittergras und Trespe. Diese Gräser wuchsen auf wenig fruchtbaren Böden, vertrugen Trockenheit und mussten nicht gedüngt werden.

Seit dem zweiten Weltkrieg wurden und werden oftmals Standorte mit mehr Wassergehalt für die Turbo-Gräser ausgewählt. Seither wird Saatgut düngefreudiger Gräsersorten mit viel Zuckerinhalt (für Silagen) ausgebracht und in erster Linie mit Stickstoff-Phosphor-Dünger versorgt. Das hat einen schnelleren Aufwuchs zur Folge. Außerdem sind diese Gräserarten tritt- und verbissfest sowie resistent gegen Wildgräser und Kräuter.

Insgesamt müssen diese modernen Gräsergemeinschaften als „fette Monokulturen" bezeichnet werden, die mit der ursprünglichen Steppe nichts mehr gemein haben. Die häufigen Stickstoffdüngungen führen obendrein zu einem noch geringeren Rohfaseranteil sowie fehlenden Kieselsäure- und Mineraleinlagerungen der Gräser. Die Konsequenzen sind Magen-Darmerkrankungen wie zum Beispiel Durchfall. Der Rohfasermangel begünstig außerdem Koliken, der hohe Zuckergehalt die Verfettung. Gleichzeitig wird der Hunger des Pferdes durch das rohfaserarme Gras nicht in ausreichendem Maße gestillt, es ist fehl- und hinsichtlich des Rohfasergehalts auch mangelernährt.

Hinzu kommt ein immer größerer Anteil an Klee, der mit seinem hohen Eiweißgehalt ein Übriges tut. Hat ein Pferd – insbesondere ein genügsames Robustpferd – unbegrenzt Zugang zu diesen fetten Gräser- und Kleearten, wird es unweigerlich zunehmen.

Überhöhte Futtermengen und ungeeignete Futtermittel

Einer der Faktoren für Übergewicht ist eine zu hohe und nicht bedarfsgerechte Futterration, die sich weder an der Leistung noch am Energiebedarf orientiert. Zudem werden oft Futtermittel gegeben, die zu hohe Anteile an Brennstoffen besitzen.

Leider finden sich auf den Beipackzetteln der Futtermittel im Unterschied zur Nahrung für uns Menschen keine Angaben über den prozentualen Anteil von Kohlenhydraten. Deshalb kann lediglich die Größe der verdaulichen Energie, angegeben in Megajoule, einen Hinweis auf den Kohlenhydratanteil geben.

Inzwischen ist man sich bei einigen Futtermitteln aber sicher, dass sie sehr hohe Anteile von Kohlenhydraten (Zucker, Stärke) beinhalten.

Neben den schon aufgeführten kohlenhydrathaltigen Gräserarten von stickstoffgedüngtem Grünland und seinen Produkten (Frischgras, Heu, Grassilagen, Heulagen) sind das vor allem folgende Futtermittel:

- Maissilagen und Corn-Cob-Mix
- Mischfutterarten (Fertigfutter) mit hohen Anteilen verdaulicher Energie (viel Melasse und Weizenkleie)
- Trockenrübenschnitzel (besonders mit Melasse vermischt), die bei der Umsetzung im Dickdarm viel Pektin (Kohlenhydrat) freigeben
- Gerste und Mais
- Brot und Bäckereiprodukte

Als weitere Dickmacher gelten Futtermittel mit extrem hohen Eiweißanteilen wie Weißklee und Luzerne sowie Fette und Öle.

Es sei darauf hingewiesen, dass alle im Folgenden beschriebenen Futtermittel unter der Prämisse übergewichtiger Pferde mit mehr oder weniger großen Depotfettbereichen betrachtet werden. Die Beurteilungen sind nicht allgemein gültig oder vollständig und haben für die Fütterung eines normalgewichtigen Pferdes nur bedingt Bedeutung.

- Bei der Fütterung übergewichtiger Pferde sollte man gänzlich auf *Maissilage* beziehungsweise *Corn-Cob-Mix* (silierte Maiskörner mit Blatt- und Blütenständen, den Spindeln) verzichten. Sie enthalten viel Stärke (Energie), sind eiweißarm und besitzen wenig Vitamine und Mineralstoffe.

- Zu viel Energie beziehungsweise Kohlenhydrate (Zucker) und wenig Eiweiß ist in *Melasse* enthalten, eine aus der Zuckerrübe gewonnene sirupartige, bräunliche Zuckerschlämme. Melasse findet sich heute als Beimischung fast in jedem Fertigfutter-

In pelletiertem Pferdefutter ist häufig viel Melasse beigemischt.

mittel (Importware aus Übersee: Zuckerrohr-Melasse). Mit fast 50 Prozent Restzuckergehalt ist sie sehr energiereich (wenig Mineralstoffe) und gilt nicht nur bei Diabetikern oder Pferden mit Stoffwechselstörung als problematisch, sondern vor allem bei übergewichtigen Pferden.

- Neben- und Abfallprodukte aus der Mehlherstellung wie etwa die kostengünstige *Weizenkleie* haben bei der Fütterung verfetteter Pferde nun wirklich gar nichts verloren. Sie haben einen geringen Rohfaser-, dafür aber hohen Stärkegehalt. Ein genereller Nachteil bei Weizenkleie ist der hohe Phosphat- und geringe Calciumanteil, der sich nachteilig auf das Calcium-Phosphor-Verhältnis auswirkt. Außerdem darf Weizenkleie wegen der Gefahr einer Schlundverstopfung niemals trocken verfüttert werden!

- Ein weiteres Abfallprodukt sind die aus der Zuckerindustrie anfallenden *Trockenrübenschnitzel*. In früheren Zeiten war die Entsorgung dieses Abfallproduktes ein echtes Problem für die Zuckerhersteller. Seit man aber erkannt hat, dass dieses extrem billige Produkt in der Pferdefütterung prima beseitigt werden kann, findet man es in zahlreichen Fertigfuttermischungen, zusammen mit Melasse in pelletierter Form oder allein in getrockneter Form als preiswerter Haferersatz. Der Energiewert ist ähnlich dem des Hafers, enthalten sind vorwiegend Pektine (Kohlenhydrat) und geringe Zuckermengen (sechs bis zehn Prozent). Mit Melasse gemischt steigt der Energiegehalt aufgrund des Zuckergehaltes allerdings bis 25 Prozent und hat in der

Futterration des übergewichtigen Pferdes ebenfalls nichts zu suchen. Trockenrübenschnitzel (pro Kilogramm Originalsubstanz) sind hinter der Weizenkleie, dem Mais und Pflanzenöl der viertgrößte Brennstofflieferant. Der einzig vertretbare Einsatz von Trockenrübenschnitzeln zur Abwechslung des Speiseplans – da sie von Pferden gern gefressen werden – wären zwei Handvoll eingeweicht in Wasser und mit entsprechend noch weniger Hafer vermischt. Das täuscht dem Pferd dann mehr Futter vor als da ist. Trockenrübenschnitzel zu verfüttern, ohne sie vorher in Wasser einzuweichen, ist gänzlich zu vermeiden, da Schlundverstopfungen und Magenzerreißungen drohen.

- *Gerste* besitzt je nach Aufbereitung beziehungsweise Aufschluss im Vergleich zum Hafer zehn bis 40 Prozent mehr Energie (Stärke) und sollte nicht auf dem Speiseplan eines übergewichtigen Pferdes stehen. Gerste wird zur Energiebombe, wenn sie aufgeschlossen wird (geschrotet, gequetscht, geflockt oder gepoppt). Beim Kauf sollte man wenn möglich auf Gerste mit geringer Stickstoffdüngung achten, da diese einen geringeren Energiegehalt besitzt. Auch besitzt Wintergerste im Gegensatz zur Sommergerste weniger Energie und Eiweiß.

- *Mais* wird vornehmlich in den USA als Kraftfutter verwendet, findet aber auch bei uns immer mehr Anhänger. Er ist gegenüber Hafer energiereicher und eignet sich eher für Hochleistungspferde, nicht aber für übergewichtige Pferde! Lediglich eine kleine Handvoll gebrochener Mais pro Futterration ist besonders in Bezug auf die Zahnpflege (Abrieb, Kautätigkeit) vertretbar.

Getrocknetes Brot darf das dicke Pferd höchstens als gelegentliche Ergänzung bekommen.

- *Brot* besitzt wenig Rohfaser und ist so energiereich wie Kraftfutter. Deshalb ist es für dicke Pferde ungeeignet. Füttert man gelegentlich Brot dazu, muss die Kraftfutterration entsprechend gesenkt werden. Die Menge sollte nicht mehr als 200 Gramm trockenes Brot pro Tag betragen, sonst besteht die Gefahr des Ungleichgewichtes in der Darmflora. Außerdem darf Brot nur getrocknet verfüttert werden. Von der Verfütterung so genannter Bäckerei-Abfälle (Hefe, Gift-

Pflanzenöle wirken zwar beruhigend auf die Darmschleimhäute, enthalten aber zu viel verdauliche Energie.

und Schadstoffe) oder Vollkornbrot (schimmelanfällig) muss dringend abgeraten werden. Auch gebackene Süßwaren wie Kuchen oder Plätzchen dürfen auf keinen Fall verfüttert werden.

- Eine Sonderstellung beim Grünfutter nimmt die *Luzerne* ein. Luzerne ist mit dem Klee verwandt und wurde in früheren Zeiten als „Königin der Futterpflanzen" bezeichnet. Luzerne hat einen sehr hohen Eiweißgehalt und gilt als Power-Pflanze mit Kraftfuttercharakter. Sie hat (bei gleichem Gewicht Trockensubstanz) etwa zwei Drittel mehr verdauliche Energie und etwa ein Drittel mehr Rohprotein als Hafer! Trotz der vielen wichtigen Baustoffe und eines guten Aminosäuremusters muss aber die Fütterung von Luzerne beim übergewichtigen Pferd abgelehnt werden.

- Auch der *Weißklee* besitzt einen außerordentlich hohen Eiweißgehalt und ist vor allem in größeren Mengen für dicke Pferde nicht geeignet.

- Nicht zuletzt sind Futtermittel mit extrem hohem Rohfettanteil zum Abspecken fetter Pferde nicht zu empfehlen. *Pflanzenöle* enthalten zum Beispiel zwischen drei- und viertausend Kilojoule pro 100 Milliliter, also das Drei- bis Vierfache von 100 Gramm Hafer.

Artgerechte Pferdehaltung ersetzt nicht die regelmäßige Bewegung!

Bewegungsmangel

Eine weitere und sehr maßgebende Ursache von Übergewicht bei Pferden ist der Mangel an ausreichender Bewegung. Viele Pferdebesitzer schätzen die Leistung des eigenen Pferdes viel zu hoch ein. So sind eine Stunde pro Tag spazieren gehen oder reiten noch nicht einmal leichte Arbeit für das Pferd und leistungsmäßig in den Erhaltungszustand einzuordnen. Hinzu kommt, dass ausgerechnet leichtfuttrige Robustpferde eine im Verhältnis zu Warm- und Vollblütern geringere Eigendynamik haben und sich auch bei idealen Haltungsbedingungen mit großen Laufflächen von sich aus eher wenig bewegen.

Urlaub, Zeitmangel, Krankheit, Schwangerschaft oder auch manchmal nur Faulheit, Lustlosigkeit oder schlechtes Wetter sind keine Argumente, sein Pferd wochen- oder gar monatelang nicht zu bewegen! Hier muss man rechtzeitig für Ersatz sorgen – etwa eine Reitbeteiligung oder Urlaubsvertretung. Im Zweifel sollte man sich zugunsten seines Pferdes sogar überlegen, ob es nicht besser ist, es abzugeben als es nur herumstehen und immer dicker werden zu lassen.

3 Übergewicht erkennen und feststellen

Den Bauchumfang misst man im Bereich der Sattelgurtlage.

Wie erkenne ich nun, ob mein Pferd Übergewicht hat oder nicht?

Wenn man sich unsicher über den Futterzustand seines Pferdes ist, sollte man als Erstes einen befreundeten oder bekannten Pferdekenner bitten, das Pferd anzusehen und seine Meinung zu äußern. Denn im Lauf des Zusammenlebens mit einem Pferd entwickelt man nicht selten einen Tunnelblick, der es schwierig macht, das Exterieur seines eigenen Pferdes im Hinblick auf Übergewicht objektiv einzuschätzen.

Allerdings ist die Gewichtsschätzung eine sehr vage Bestimmungsmethode. Selbst erfahrene Pferdeleute oder Tierärzte verschätzen sich nicht selten erheblich mit der Folge, dass nicht nur Futterrationen, sondern auch Wurmkuren und Medikamente häufig falsch dosiert werden.

Genauere Methoden zur Gewichtsbestimmung sind das Vermessen des Pferdes und Ausrechnen des Gewichts nach einer bestimmten Formel sowie das Wiegen. Da diese Methoden jedoch Faktoren wie zum Beispiel Darminhalt, Knochenbau sowie rasseeigene oder geschlechtsspezifische Merkmale nicht berücksichtigen können, gilt das Abtasten bestimmter Körperzonen als die sicherste Möglichkeit, Übergewicht beim Pferd festzustellen.

Gewicht ausrechnen und wiegen

Es gibt die Möglichkeit, ein Pferd zu vermessen und sein Gewicht mit Hilfe mathematischer Formeln zu ermitteln. Innerhalb einer Rasse können sich jedoch Schwankungen bis zu 40 Prozent ergeben, die aus der unterschiedlichen Größe, aus dem Körperbau (quadratisch oder rechteckig) sowie aus der Ausprägung der Muskulatur und des Knochenbaus zu erklären sind.

Körperlänge und Bauchumfang

Man misst die Körperlänge vom Buggelenk bis zum Sitzbeinhöcker (L in Zentimetern) und den Umfang des Bauches im Bereich des Herzens beziehungsweise der Gurtlage des Sattelgurtes und rund zehn Zentimeter unterhalb des Widerristes (U in Zentimetern) mit einem Maßband. Das Gewicht berechnet sich dann wie folgt:

Gewicht in kg =
Brustumfang (cm) x Brustumfang (cm) x Körperlänge (cm) geteilt durch 11900

Beträgt der Umfang 190 Zentimeter und die Körperlänge 150 Zentimeter, ist das Gewicht:

G = 190 x 190 x 150 ÷ 11900 = 455 kg

Längenmessung eines Pferdes

Gewicht bei Fohlen:

Für Fohlen bis zu einem Jahr gibt es eine andere Berechnungsformel, da im Wachstum befindliche Pferde andere Rahmenbedingungen aufweisen als erwachsene Pferde. Für sie gilt

Gewicht in kg = Brustumfang – 63,7 geteilt durch 0,38

Beim Messen sollte man Folgendes bedenken:

- Das Pferd muss auf ebenem Boden gerade stehen, der Kopf sollte eine normale Haltung einnehmen.
- Ein angefressener Raufutter- oder Grasbauch kann das Ergebnis bis zu zwei Prozent verfälschen.
- Das Maßband muss am Körper anliegen und den Umrisslinien beziehungsweise Wölbungen von Schulter, Bauch und Hinterhand folgen. Legt man zum Beispiel nur eine gerade Holzlatte an das Pferd, markiert die Punkte am Buggelenk und Sitzbeinhöcker und misst dann mit einem Zollstock die Länge zwischen den markierten Punkten, werden entscheidende Fettpolsterkilos bei dieser „Luftlinienmessung" unterschlagen.

Das Messen und Berechnen des Körpergewichtes sollte man mindestens fünfmal durchführen, am besten jedes Mal durch wechselnde Personen. Zum Messen der Körperlänge benötigt man sowieso zwei Mann. Dann addiert man die fünf gemessenen Werte und teilt sie durch fünf. So erhält man das arithmetische Mittel und damit die genauste Zahl.

Formel individuell anpassen

Individuelle Anpassung der Berechnungsformel zur Gewichtsbestimmung: Die Ungenauigkeit des berechneten individuellen Gewichts kann durch eine einmalige und genaue Feststellung des Gewichts auf einer Viehwaage überprüft und die Formel angepasst werden. Dazu muss die Gleichung umgeformt werden. Hat das oben genannte Pferd auf der Viehwaage zum Beispiel ein Gewicht von 418 kg, gilt:

$$G = \frac{U_{(cm)} \times U_{(cm)} \times L_{(cm)}}{X} = 418 \text{ kg}$$

Daraus folgt:

$$X = \frac{U \times U \times L}{418} = \frac{190 \times 190 \times 150}{418} = 12950$$

Jetzt kann man mit dieser individuell angepassten Größe im Nenner der Formel (also 12950 statt 11900) jedes Mal das genaue Gewicht berechnen. So erhält man bei wöchentlicher Durchführung entsprechenden Aufschluss über die künftigen Gewichtsabnahmen des Pferdes und kann alles dokumentieren, ohne jedes Mal das Pferd auf die Viehwaage zu verbringen.

Viehwaagen findet man in Tierkliniken, Rennställen, landwirtschaftlichen Großbetrieben oder Genossenschaften (zum Beispiel Raiffeisen). Ein Problem beim Wiegen ist jedoch, dass lediglich das Gesamtgewicht ermittelt wird, nicht aber der Fettanteil. So können Pferde dicke Gras- oder Heubäuche, aber kaum Fettreserven haben. Ein Pferd mit einem prall gefüllten Darm sieht augenscheinlich dick aus und wiegt auch entsprechend mehr, muss deshalb aber nicht zu fett sein. Man kann also auch durch das Wiegen kaum fundierte Rückschlüsse auf ein gegebenenfalls vorhandenes Übergewicht ziehen.

Oft werden Argumente für das Wiegen hinsichtlich der Dosierung von Medikamenten und Wurmkuren angegeben. Dabei wurde festgestellt, dass sich viele Pferdebesitzer bei Wägungen von 70 Pferden erheblich verschätzten („Mobile Pferdewaage", Manfred Müller, Crailsheim). Ebenso wurde bei einem Vergleich zwischen Wiegen und dem errechneten Gewicht Unterschiede bis zu zehn Prozent nach oben und unten ermittelt. Weiterhin ergaben die Wägungen, dass zum Beispiel Haflinger im Schnitt schwerer sind als beispielsweise Friesen. Die mobile Pferdewaage hat eine weitere interessante Beobachtung beim Wiegen von Pferden gemacht: Weder die Größe eines Pferdes noch Rasse, Alter oder Geschlecht geben konkrete Hinweise auf das wahre Gewicht, und die meisten befragten Pferdebesitzer schätzten das Gewicht ihres Pferdes eher zu niedrig als zu hoch. Da das Gewicht eines Pferdes als Grundlage für die Dimensionierung seiner Futterration dient, wäre daher diese Fehleinschätzung eher positiv zu werten. Besser ist es aber, das wirkliche Gewicht zu kennen. Nur so hat man die Möglichkeit, das Futter exakt zu dosieren und es auf den tatsächlichen Bedarf abzustimmen beziehungsweise die entsprechenden Abzüge zu machen, um den Fettpolstern zu Leibe zu rücken.

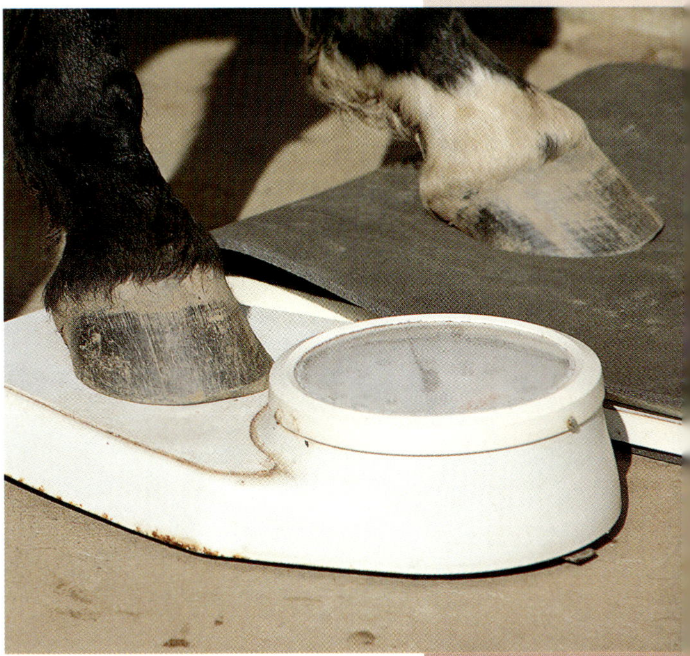

Auch mit einer ausgedienten Personenwaage lässt sich das Pferdegewicht ermitteln.

Auch mit einer *Personenwaage* lässt sich das Pferdegewicht ermitteln. Hierzu stellt man auf einem geraden Untergrund (zum Beispiel Beton- oder Asphaltboden) nacheinander jeweils ein Vorder- und ein Hinterbein auf die Waage, während sich das jeweils andere Vorder- beziehungsweise Hinterbein auf gleicher Höhe auf einem Brett befinden muss, damit die Körpergewichte auf beide Vorder- beziehungsweise Hinterbeine gleichmäßig verteilt sind. Das jeweils gewogene Teilgewicht wird dann mal zwei genommen und schließlich addiert.

Achtung!

Bei einem 500 kg schweren Pferd muss die Personenwaage mindestens bis 150 Kilogramm messen (das entspricht dem Gewicht eines Vorderbeins), sonst kann sie überdreht und somit unbrauchbar werden!

Um Übergewicht beim Pferd festzustellen, müsste man zum einen sein Normalgewicht kennen und zum anderen durch Messen und Berechnen oder Wiegen sein wirkliches, jetziges Gewicht feststellen. Der dann entstehende Unterschied beschreibt sein Übergewicht beziehungsweise die Summe aller Fettpolster und Depotfetteinlagerungen. Das Ganze scheitert aber schon daran, dass sein Normal- beziehungsweise Idealgewicht nicht genau festgestellt werden kann, da es weder konkrete Angaben der Zuchtverbände noch irgendwelche Werte oder Listen mit entsprechenden Tabellen gibt, die die Körpergröße, den Knochenbau und die Länge einer Pferderasse in Relation zu seinem Gewicht beschreiben. Man kann also nur Bezug auf das zurzeit vorhandene und vorgegebene Durchschnittsgewicht einer bestimmten Rasse nehmen und es mit dem gemessenen oder berechneten Gewicht vergleichen. So hat man zumindest einen Anhaltspunkt, wie viel Übergewicht das Pferd vermutlich abbauen muss. Der Vorteil einer Gewichtsbestimmung durch Rechnen oder Wiegen ist jedoch, dass man von Beginn des Abspeckens bis zum Erreichen des Idealgewichtes kontrollieren und protokollieren und einen hoffentlich erfolgreichen Verlauf des Abnehmens beobachten kann.

Tabelle 2 zeigt einen Überblick über das Durchschnittsgewicht verschiedener Pferderassen. Es setzt sich zusammen aus Angaben der Gesellschaft für Ernährungsphysiologie der Haustiere und aus 75 Wägungen durch die „Mobile Pferdewaage" (Quelle: CAVALLO 1/2002).

Tabelle 2: Durchschnittsgewicht (kg) verschiedener Pferderassen

Rasse	Gesellschaft für Ernährungsphysiologie der Haustiere	„Mobile Pferdewaage"
Deutsches Reitpony	300-350	342
Isländer	400-450	416
Araber	450	401
Haflinger	460	586 *1)
Fjordpferd	480-500	Keine Angaben
Englisches Vollblut	450-520	575
Quarter Horse	530	Keine Angaben
Deutsches Warmblut	550-650	590

**1) Das Durchschnittsgewicht der Haflinger durch die „Mobile Pferdewaage" kann unter Umständen nicht repräsentativ sein, da nur zwei Haflinger gewogen wurden*

Rassetypische Exterieureigenschaften, Raufutterbauch oder Fett?

Die Gesamtbeurteilung eines Pferdes geschieht nach klassischem Muster durch vier Kriterien:

- die Gesamterscheinung
- die Bewertung einzelner Körperpartien
- die Bewertung des Gangvermögens und
- sonstige Kriterien (Charakter, Temperament, Größe, Farbe, Harmonie).

Die Gesamterscheinung wird nach folgenden Kriterien beurteilt: Typ, Ausdruck und Adel, Rahmen und Format, Kaliber, Kondition, Konstitution, Entwicklung und Gesundheit.

Die für unser Thema entscheidende Eigenschaft ist dabei die Kondition. Unter Kondition versteht man nicht – entgegen allgemeinen Sprachgebrauchs – die Leistungsfähigkeit oder Ausdauer, sondern das durch die Umwelt beeinflusste äußere Erscheinungsbild eines Pferdes durch Haltung, Fütterung, Pflege und Training. Der Kondition eines Pferdes werden dabei vier Grundmuster zugeordnet:

- Zuchtkondition
- Leistungs- und Gebrauchskondition
- Mastkondition und
- Unterernährung

Uns interessiert hierbei im Wesentlichen nur, ob unser Pferd noch zur Leistungs- und Gebrauchskondition zählt oder ob es bereits zum Bereich der Mastkondition gehört, also übergewichtig ist. Wie erkennt man nun, ob sein Pferd in Gebrauchs- oder in Mastkondition steht?

Gespaltene Kruppen von Kaltblütern sind rassetypisch und stellen keine Hinweise auf Übergewicht dar.

Rassetypische Exterieureigenheiten, die diese Unterscheidung nicht einfacher macht, finden sich zum Beispiel bei den so genannten Barockpferderassen. Was bei einem Andalusier oder Lipizzaner eine anzustrebende Leistungs- beziehungsweise Gebrauchskondition sein könnte, wäre bei einem Deutschen Warmblut oder Arabischen Pferd bereits eine Mastkondition. Auch bei Kaltblütern können die rassetypischen Konditionen wie zum Beispiel eine gespaltene Kruppe nicht mit denen anderer Rassen wie Haflingern, Norwegern oder Islandponys verglichen werden. Man muss also bei der Beurteilung der Kondition innerhalb der Rassen Unterschiede machen.

Ferner sollten beim Pferd im Hinblick auf sein eventuelles Übergewicht zwei unterschiedliche äußere Erscheinungsbilder differenziert betrachtet werden:

- der Heu-, Stroh- und Grasbauch
- wirkliches Übergewicht durch mäßige bis extreme Depotfettansammlungen am und im Körper.

Grasbäuche täuschen oftmals Übergewicht vor.

Ein *Raufutterbauch* oder *Grasbauch* entsteht, wenn Pferde kurz- bis mittelfristig zu viel Heu, Stroh oder Frischgras zu fressen bekommen. Dabei blähen sich Bauch und Flanken infolge ständig großer Futtermengen im Dickdarm auf. Reduziert man langsam und etappenweise kontinuierlich die Zuführung dieser Futtermittel, sieht das Pferd bereits nach einer Woche wieder gertenschlank aus. Ein kurzfristiger Raufutterbauch ist zwar nicht schön und kann auch gesundheitliche Probleme nach sich ziehen (Kolik), hat jedoch mit wirklichem Übergewicht durch Ansammlungen von Depotfett nichts zu tun.

> In einem 550 Kilogramm schweren Pferd sind im Extremfall drei Zentner (150 Kilogramm) Masse im Darm vorhanden, welche aus etwa 85 Prozent Wasser und 15 Prozent Trockenmasse besteht!

Wirkliches Übergewicht definiert sich durch sichtbar und nicht sichtbar gespeichertes Depotfett im und am Körper.

Alle sichtbaren Bereiche sind Haut- oder Unterhautbindegewebe an fast der gesamten Körperoberfläche. Dabei besteht die Unterhaut aus sehr lockerem Bindegewebe, in dem sich die Fettzellen einlagern.

Nordpferde verfügen meist über ein stärker ausgeprägtes Unterhautbindegewebe als Südpferde mit der Folge, dass sich bei ihnen auch mehr sowie stärkere Depotfettschichten und Fettzellen bilden können.

Übergewicht sehen

Das in den Fettzellen des Unterhautbindegewebes eingelagerte Fett besitzt gegenüber dem ansonsten lockeren Aufbau des Bindegewebes eine größere Trägheit, weil es schwerer ist. Diese Trägheit wird besonders bei Trabbewegungen des Pferdes im Freilauf optisch sichtbar und variiert je nach Menge und Größe der Fettzellen. Ebenso lassen sich Fettansammlungen im Mähnenkamm und an der Unterbrust des Pferdes im Freilauf gut erkennen. Der verfettete Mähnenkamm schwabbelt hin und her, was besonders gut zu sehen ist, wenn man das Pferd von hinten oder von vorne in der Bewegung betrachtet. Das Fett an der Unterbrust (zwischen Sattelgurtlage und Vorderbein) bewegt sich wegen der Trägheit ebenfalls schwabbelig.

Daneben gibt es aber ganz bestimmte Stellen am Pferdekörper, an denen sich besonders viel Depotfett anzulagern scheint und die als so genannte „Problemzonen" beschrieben werden. Diese Zonen sind:

- der Hals (Unterhals, Oberlinie, Mähnenkamm)
- der Widerrist und Übergang zur Sattellage
- Bereich der Rückenlinie links und rechts der Wirbelsäule
- Bereich der Kruppe (links und rechts oder hintereinander) und am Schweifansatz
- an den Schultern
- im Bereich der Rippen
- an der Unterbrust und
- an Hüft- und Sitzbeinhöcker

Nicht sichtbare Bereiche sind Depotfettansammlungen an inneren Organen wie der Leber oder dem Herz (Herzmuskel) und an innen liegenden Muskelbereichen.

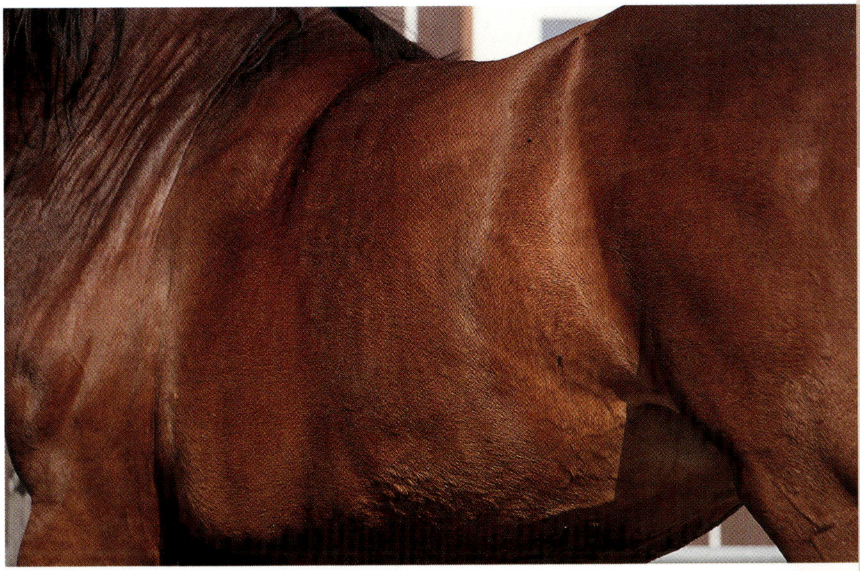

Depotfettansammlungen an den Problemzonen Hals, Schulter, Rumpf und Unterbrust weisen auf wirkliches Übergewicht hin.

Futterzustandsbeurteilung durch Betrachten und Tasten

Der Futterzustand eines Pferdes kann präzise durch Betrachten und Abtasten bestimmter Körperstellen festgestellt werden. Hierzu werden zehn Körperpartien des Pferdes in Augenschein genommen und abgetastet und in eine neunstufige Notenskala von 1 (extrem mager) bis 9 (extrem fett) eingestuft. Sinn dieser Futterzustandsbeurteilung ist, die Stärke und die Beschaffenheit von Unterhautfettgewebe (Depotfett) zu beurteilen. Diesen so genannten „Body Condition Score" („Körper-Konditions-Einordnung", kurz BCS) hat der Amerikaner Henneke 1983 bei Pferden salonfähig gemacht, während er bereits früher als „subjektive Methode zur Beurteilung des subkutanen (unter der Haut) Fettdepots" von Rindern angewandt wurde (Edmonson, Dairy). Weitere Vereinfachungen wurden 1997 von David Freeman (Oklahoma) vorgenommen. Während diese neuere BCS-Methode nur noch sechs Einteilungen beziehungsweise Abstufungen für eine einfachere Handhabung (ausgezehrt, mager, mittelmäßig, gut, fett, fettleibig) vorsieht, beschreibt die klassische Methode nach Henneke insgesamt neun Einteilungen (extrem mager, sehr dünn, dünn, schlank, normal, rundlich, dick, fett und extrem fett). Inzwischen ist diese Methode international anerkannt und dient Tierschützern als Grundlage ihrer Beurteilungen. Tierquälerei liegt vor, wenn das Pferd die Note 1 (extrem mager) oder 9 (extrem fett) erhält.

Bei der Einstufung der Kondition eines Pferdes muss sein gesamtes Erscheinungsbild berücksichtigt werden.

Bezüglich unserer Thematik interessieren lediglich die Einstufungen von der Note 5 (normal) bis 9 (extrem fett). Nach Einschätzung von Prof. Manfred Coenen (Uni Hannover) ist heute der Futterzustand bei den meisten Pferden zwischen den Stufen 6 (rundlich) bis 7 (dick) einzuordnen. Eindeutig anzustreben ist die Stufe 4 (schlank) bis 5 (normal), ab Stufe 6 (rundlich) muss abgenommen werden! Differenziert werden muss aber auch nach Art der Verwendung. Ein Freizeitpferd der Nordrasse kann die Stufen 5 bis 6 besitzen, ein Distanzpferd sollte nicht unter 4 (schlank), Zuchtstuten um 6 (rundlich) wegen der im Fett gespeicherten Hormone (Fruchtbarkeit) aufweisen.

Generell erscheinen Ponys, Kleinpferde und Vertreter der Robustpferderassen wegen des grundsätzlich stärker ausgeprägten Unterhautbindegewebes rundlicher als zum Beispiel Englische oder

Körperzonen beim Pferd für den Body Condition Score

Arabische Vollblüter. Der Body Condition Score ist außerdem erst ab einem Alter von anderthalb Jahren anwendbar. Eine zweimalige Durchführung pro Jahr immer zur gleichen Zeit, also zum Beispiel zu Beginn des Herbstes und am Frühlingsanfang erscheint sinnvoll.

Die Einzelbeurteilungen der Problemzonen darf aber die Gesamtbeurteilung eines Pferdes nicht völlig ersetzen. Während die Beschaffenheit von einzelnen mehr oder weniger mit Fetteinlagerungen durchsetzten Partien nur relative Aussagen zulässt, beschreibt der Gesamtzustand eine breitere und rassebezogenere Aussage. So ist ein Schwarzwälder Kaltblut insgesamt bei der Notenvergabe gänzlich anders zu beurteilen als ein Englischer Vollblüter.

Auch die Jahreszeit spielt eine nicht unerhebliche Rolle. Im Winter haben Pferde zum Schutz gegen die Kälte nicht nur ein dichteres Fell, sondern auch vermehrt Fetteinlagerungen im Unterhautbindegewebe. Daher sollte man beim Durchführen des BCS im Winter Abstriche in der Notenskala machen.

Schließlich muss beim Tasten der Haut von älteren Pferden (ab 20 Jahre) berücksichtigt werden, dass das Unterhautbindegewebe mit zunehmendem Alter allmählich seine Festigkeit verliert und schlaffer wird. Deshalb ist die entstehende Hautwelle beim Verschieben der Haut kein eingelagertes Fett, sondern lockeres Bindegewebe.

Die einzelnen Problemzonen liegen beim Pferd an folgenden Körperstellen:

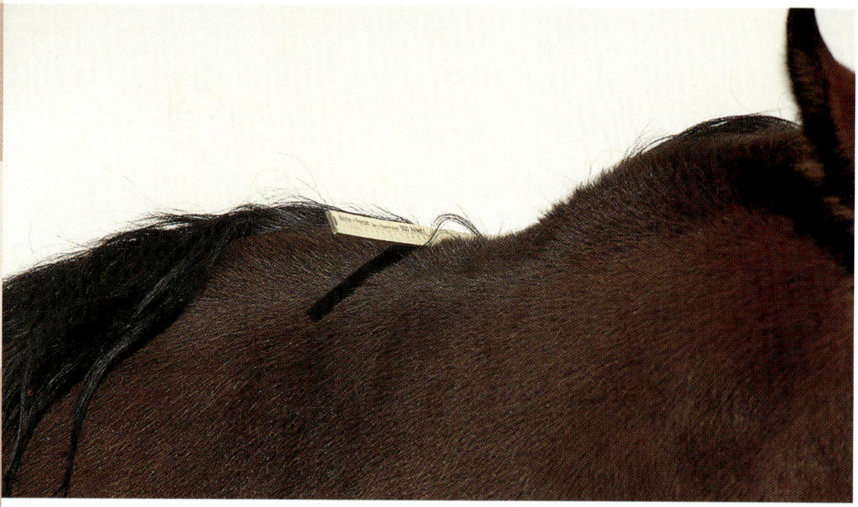

Einen durch Fetteinlagerungen aufgewölbten Mähnenkamm kann man bis zu 20 Zentimetern nach links und rechts schieben.

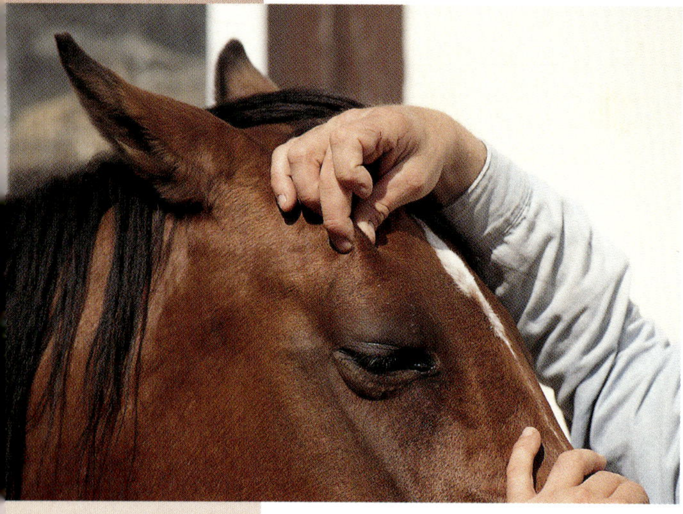

Die Augenhöhlen müssen sich im Normalzustand klar abzeichnen und dürfen weder ausgefüllt noch ausgehöhlt sein.

Nacken und Mähnenkamm

Untersuchungen haben gezeigt, dass sich besonders im Bereich des Mähnenkamms viel Depotfett einlagern kann. Berücksichtigt werden muss aber auch hier, dass Hengste meist einen ausgeprägteren Mähnenkamm besitzen als Stuten oder Wallache. Die Kammhöhe kann bei einem Hengst bis zu zehn Zentimeter betragen, was durchaus normal ist.

Ansonsten deutet ein mächtiger Hals mit kräftigem, aufgewölbtem Mähnenkamm auf eine Mastkondition hin.

Kopf und Hals

Generell zeichnen sich bei Voll- und Warmblütern wegen des dünneren Unterhautbindegewebes Sehnen, Muskeln und Adern im Bereich des Kopfes und Teilen des Halses deutlicher ab als bei Robustpferderassen. Fett kann sich am Kopf eines übergewichtigen Pferdes vor allem in den Augenhöhlen und in der Unterhaut der seitlichen Ganaschen ein-

Auch im Unterhautbindegewebe der Ganaschen sammelt sich beim übergewichtigen Pferd rasch Fett an.

lagern. Das Erkennen von Depotfett am Hals ist dagegen wegen des ausgeprägten Kopf-Hals-Armbein-Muskels, der sich schräg vom Nacken bis zur Vorderbrust entlang zieht, nicht so einfach. Weist der Hals eine Wölbung nach außen auf, kann es sich bei der optischen Betrachtung nämlich um Muskeln oder Fett handeln.

Die Entscheidung, worum es sich wirklich handelt, kann nur beim Tasten vorgenommen werden: Spürt man beim Entlangstreichen mit gekrümmten Fingerkruppen festes, hartes Gewebe, muss ein ausgeprägter Muskel angenommen werden. Spürt man aber weiches, rundliches Gewebe, deutet das auf ein Fettpolster hin.

An der Schulter und am Übergang zum Rumpf wird eingelagertes Fett beim Schieben mit der Hand als Welle sichtbar.

Schulter und Übergang von der Schulter zum Rumpf

Der an der Schulter befindliche Grätenmuskel ist nur fünf Millimeter dick. Deshalb kann eingelagertes Fett in diesem Bereich besonders gut ertastet werden (Speckschulter).

Widerrist und Übergang zur Sattellage

Der Widerrist – bestehend aus den Dornfortsätzen der ersten sieben Rückenwirbel – wird vom so genannten Kappenmuskel überzogen, der je nach Pferd und Trainingszustand stärker oder schwä-

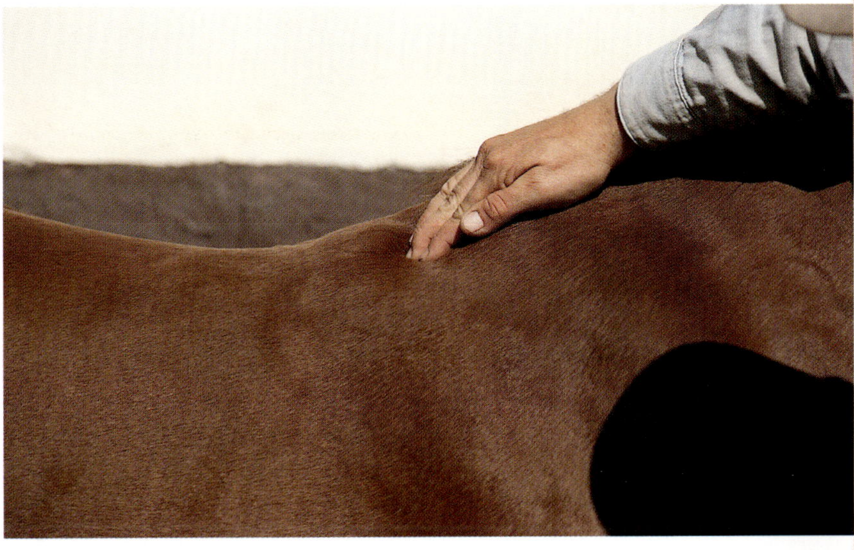

Auch am Widerrist und im Bereich der Sattellage kann man Depotfett durch Tasten erfühlen.

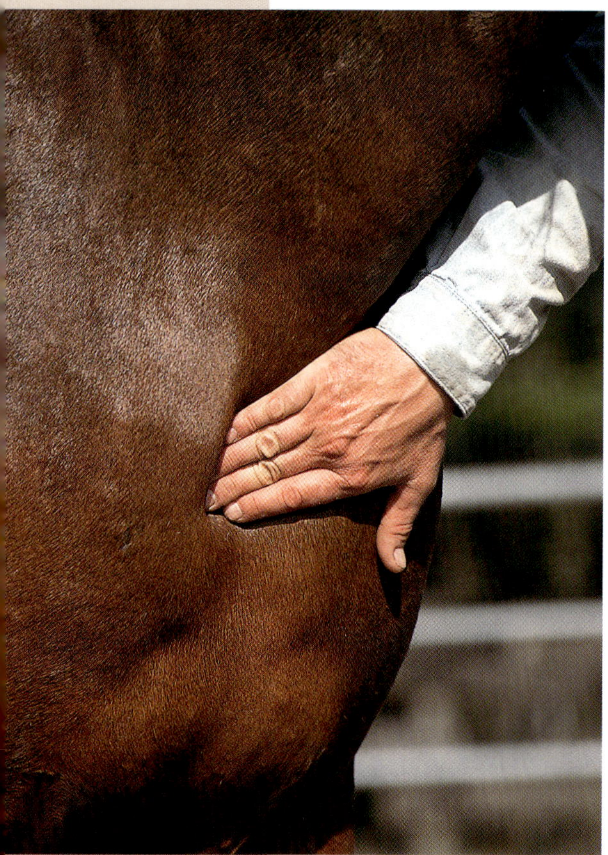

Ein ausgeprägter Vorderbrustmuskel ist nicht ohne weiteres von eingelagertem Depotfett zu unterscheiden.

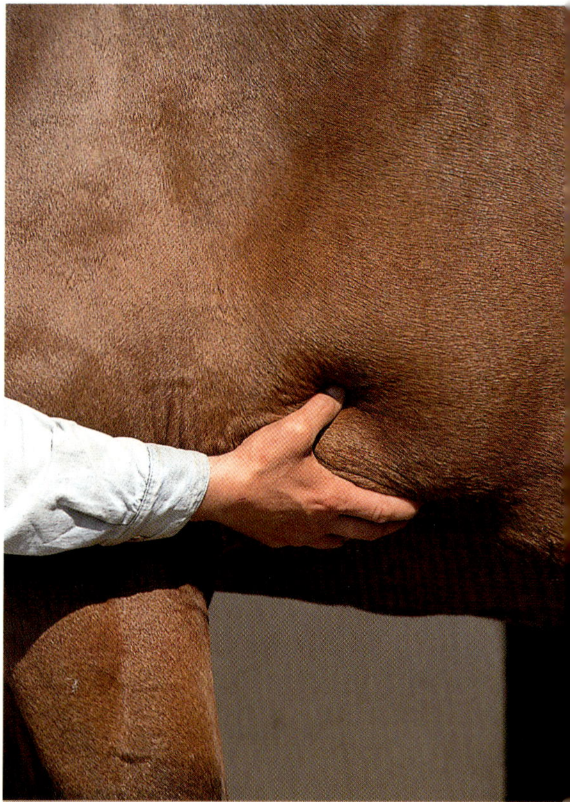

Enorme Fetteinlagerung im Bereich der Unterbrust

cher ausgebildet ist. Das Tasten wird mit leicht gekrümmten Fingern seitlich in Richtung Sattellage vorgenommen. Dabei bildet sich eine Hautwelle vor den Fingern. Je größer diese Hautwelle ist, umso mehr Unterhautfettgewebe ist an dieser Stelle eingelagert.

Vorderbrust und Unterbrust

Die Brust des Pferdes besteht aus Vorderbrust, Unterbrust und Seitenbrust. In dem dadurch entstehenden Brustkorb befinden sich die Lunge und das Herz. Die Außenfläche vorne (Vorderbrust) sollte beim Pferd angemessen groß und hoch sowie kräftig bemuskelt und mittelbreit sein, damit die Lunge ausreichend Ausdehnungsmöglichkeit hat. Beim Tasten muss auch hier unterschieden werden, ob es sich um einen ausgeprägten oberflächlichen Brustmuskel mit festem, hartem Gewebe oder um eingelagertes Fett (weiches, rundliches Gewebe) handelt.

Die Unterbrust befindet sich im Bereich des Sattelgurtes. Zu beiden Seiten (also zwischen Bein und Lage des Sattelgurtes) können sich bei manchen Pferden erhebliche Depotfetttaschen bilden, die nicht selten beim Anziehen des Sattelgurtes stören und sogar hervorquellen können.

Rücken und Oberlinie

Die Problemzone des Rückens befindet sich links und rechts der Wirbelsäule.

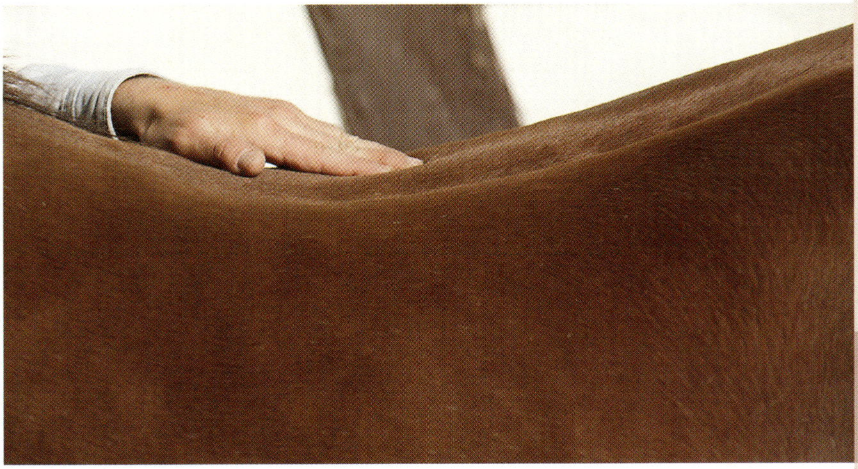

Weiches Einsinken mit den Fingern links und rechts der Wirbelsäule deutet ebenfalls auf Depotfetteinlagerung hin.

Bilden sich an dieser Stelle nach außen gewölbte Erhebungen, bestehen diese aus Depotfett. Entwickeln sich daraus Wülste, welche die Wirbelsäule zu einer Rinne machen (stehendes Wasser beim Waschen oder Abspritzen!) ist dieser Bereich des Pferdes in die Stufen 7 (dick) bis 9 (extrem fett) einzuordnen.

Rumpf und Rippen

Der Bauch eines Pferdes sollte bei normaler Konditionierung den Umfang des Brustkorbes nicht übertreffen. Die Rippen sollten nicht zu sehen, aber beim Überstreichen mit gekrümmten Fingerkuppen gut zu fühlen sein. Sind sie kaum zu spüren, befindet sich mittelmäßig viel flächiges Depotfett im Gewebe. Sind sie nur mit erheblichem Druck zu fühlen, liegt ein Zustand zwischen fett und extrem fett vor.

Ältere Einschätzungen hinsichtlich des BCS im Bereich des Rumpfes sagen aus, dass dieser Körperbereich guten Aufschluss über die Beurteilung der Kondition gibt, weil sich hier nur dünne

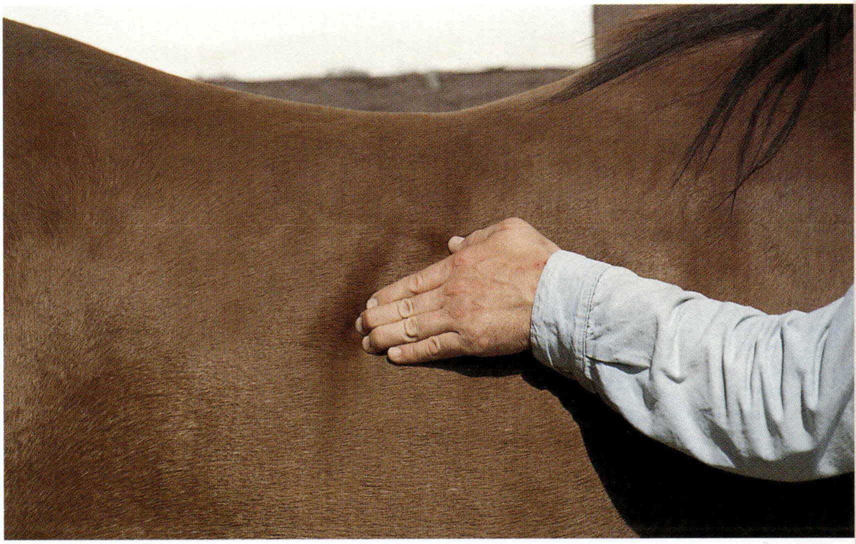

Deutliche Hautwelle beim Überstreichen im Bereich der Rippen

Muskeln befinden, welche die Beschaffenheit des Unterhautfettgewebes nicht maskieren können. Neuere Untersuchungen haben das relativiert: Über den Rippen befinden sich im oberen Bereich der breite Rückenmuskel und im unteren Bereich (Rumpf) der große, schiefe Bauchmuskel.

Je nach Trainingszustand und Rasse weisen diese flächigen, den gesamten Rumpf überspannenden Muskeln eine Stärke bis zu zwei Zentimetern auf, die das Unterscheiden zwischen Muskeln und Fettdepot beim Tasten erschweren.

Kruppe und Übergang von der Kruppe zum Schweifansatz

Inzwischen weiß man auch, dass beim Pferd die Kruppenmuskulatur mit dem ansetzenden Auswärtszieher und Einwärtszieher des Hinterschenkels sehr ausgeprägt ist, da die Hinterhand des Pferdes in der Dynamik die Hauptarbeit leistet. Aus einer Doktorarbeit der Uni

Die Kruppenmuskulatur ist beim Pferd stark ausgeprägt, was das Ertasten von eingelagertem Fett schwierig macht.

Durch das Anheben der Schweifrübe wird Depotfett im hinteren Bereich der Kruppe deutlicher sichtbar.

München von Dr. Stephani Schramm geht hervor, dass die gespaltenen Kruppen von sechs Pferden in der Autopsie fast nur Muskeln und kaum Fett aufwiesen. Gleichzeitig wurden diese Pferde bezüglich des Rumpfes (sichtbare Rippen) aber in einen Futterzustand von 2 bis 4 (sehr dünn bis schlank) eingestuft.

Auch hier ist die Beurteilung beim BCS, ob es sich um Fett oder Muskeln handelt, also nicht einfach. Wirkliche Fettpolster bilden sich an diesem Bereich gerne links und rechts der Schweifrübe, aber auch hintereinander zwischen Kruppe und Schweifansatz. Beim Tasten geht man wie folgt vor: Hand flach halten, Finger krümmen und auf die Haut drücken beziehungsweise pressen, um festzustellen, wie massig die Fetteinlagerung in der Haut ist. Eine tiefe Einbettung des Schweifansatzes mit weichem Gewebe gibt Hinweise auf Note 7 (dick). Bilden sich beim Anheben des Schweifes links und rechts Querfalten, erhöht sich die Stufe auf 8 (fett).

Sitzbeinhöcker, Hüftknochenbereich und Flanken

Bei normaler Kondition sollten die Flanken gerade vom Bauch in die Hinterhand übergehen. Die Hüftknochen sollten nicht herausstehen, aber gut sichtbar sein. Henneke hat 1983 den von ihm weiter entwickelten Body Condition Score an Quarter-Horse-Stuten durchgeführt, deren Hinterhandmuskulatur im Bereich der Hüftknochen rassetypisch wesentlich ausgeprägter ist als bei Warmblutpferden oder Robustpferderassen. Aus diesem Grund müssen bei der Beurteilung der Hüftausprägung die rassebedingten Besonderheiten berücksichtigt werden.

Bei diesem Pferd ist der Hüftknochen noch gut fühlbar, aber nicht mehr sichtbar.

Tabelle 3 gibt einen Überblick der Einstufungen des Body Condition Score. Jede einzelne Körperzone wird durch Betrachten und Tasten mit einer Note versehen. Am Schluss werden dann die Noten addiert und durch zehn geteilt. So erhält man die individuelle Durchschnittsnote für sein Pferd und kann beurteilen, ob es abnehmen muss oder nicht. Die Dauer des BCS beträgt etwa 30 Minuten und wird am besten zu zweit durchgeführt.

Tabelle 3: Einstufungen des Body Condition Score

Stufe	Kopf und Hals	Nacken und Mähnenkamm
Normal = 5 Sportpferdetyp, ideal gefüttert (Freizeitpferd); Unterhautbindegewebe ist elastisch und fest	Normal ausgeprägte Augenhöhlen („trocken") und festes Hautgewebe über den Ganaschen **Hals:** Gekrümmte Finger spüren festes, straffes Halsgewebe, leichte Wölbung nach außen, gut bemuskelt	Der Nacken geht über den Mähnenkamm harmonisch in den Rücken über. Rasse- oder geschlechtsbedingter breiter, fester Mähnenkamm möglich
Rundlich = 6 Reitpferdetyp von kräftiger Statur, „steht gut im Futter". Bei Zuchthengsten und –stuten normal; Unterhautbindegewebe verstärkt, aber elastisch und fest	Augenhöhlen leicht ausgefüllt; verstärkte, aber feste Unterhaut auf den Ganaschen. **Hals:** Weicheres, leicht rundliches Hautgewebe zwischen Muskeln und Oberhaut weist auf eingelagertes Fett hin; die Fettauflagen an den Halsseiten fühlen sich griffig an	Leicht ausgeprägtes Kammfett, welches bei Bewegung gering hin und her wippt; zu beiden Seiten des Mähnenkamms festes Gewebe mit Profil
Dick = 7 Fleischig, leicht mastig; Unterhautbindegewebe weist flächig eingelagertes, weiches Fett auf	Leichte Fettpolster in den Gruben über den Augen; kräftiges Unterhautbindegewebe an den Ganaschen; gekrümmte Finger können Wellen schieben. **Hals:** Sicht- und fühlbare flächige und weiche Fettdepots	Ausgeprägtes Kammfett mit leichter Wölbung nach oben; bewegt sich hin und her und kippt leicht; zu beiden Seiten schwammiges Gewebe

Schulter	Widerrist und Übergang zur Sattellage	Vorderbrust
Normal bemuskelte Schulter; verläuft vom Widerrist vorwärts-abwärts zum Buggelenk und sollte lang und schräg sein	Widerrist ist gut abgedeckt und sticht nicht hervor, ist ebentuell leicht rund; geringe, nicht hohe Welle beim Verschieben der Haut	Die Außenfläche vorn sollte angemessen groß sein, hoch, kräftig bemuskelt und mittelbreit
Geringradig flächige, weiche Fettauflage; Fettpolster sind bereits leicht sichtbar	Widerrist sicht- und fühlbar; Dornfortsätze flächig eingebettet; beim Verschieben der Haut deutliche Welle zu erkennen	Leicht schwammige Konturen und kräftiges Unterhautbindegewebe
Sichtbare Fettdepots hinter der Schulter; Fett fühlt sich weich wie Pudding an; Konturen der Knochen sind sichtbar	Widerrist kaum mehr sichtbar, aber fühlbar; von weichem bis festem Fett umgeben; hohe Welle beim Abstreichen der Haut	Konturen verschwimmen; flächige, weiche Fetteinlagerungen

Stufe	Kopf und Hals	Nacken und Mähnenkamm
Fett = 8 Flächig eingelagerte Fettschichten im Unterhautbindegewebe und punktuelle Fettwölbungen an bestimmten Problemzonen; Fett noch weich	Augengruben komplett ausgefüllt; kaum ausgeprägte Kopf-Konturen; flächige Fetteinlagerungen an den Ganaschen. **Hals:** Ausgeprägte Speckauflage an den Halsseiten	Sehr ausgeprägtes Kammfett mit erheblicher Wölbung nach oben; bewegt sich vermehrt hin und her und kippt; zu beiden Seiten sehr schwammiges Gewebe; leicht aufgeworfen
Extrem fett = 9 Wie oben, aber erhebliche Fettwölbungen an fast allen Problemzonen, schwellende oder wellige Fettpolster, zum Teil verhärtet	Konturen des Kopfes verschwimmen; flächige Depotfetteinlagerungen in der Gesichtshaut und der Ganaschen **Hals:** in Wellen verlaufendes, festes Fettgewebe	Extrem ausgeprägtes Kammfett; starke Wölbung nach oben; bewegt sich kaum hin und her, weil es kippt und auf der einen oder anderen Seite liegen bleibt; beide Seiten völlig aufgeworfenes, in Wellen verlaufendes festes und hartes Fettgewebe

Stufe	Unterbrust und Übergang Schulter zum Rumpf	Rücken
Normal = 5 Sportpferdetyp, ideal gefüttert (Freizeitpferd); Unterhautbindegewebe ist elastisch und fest	Unterbrust und Übergang Schulter zum Rumpf trocken; festes Gewebe	Rückenlinie ist gerade, Wirbelsäule sticht nicht hervor und ist nicht in Fett eingebettet; straffe Rückenmuskulatur
Rundlich = 6 Reitpferdetyp von kräftiger Statur, „steht gut im Futter“. Bei Zuchthengsten und –stuten normal; Unterhautbindegewebe verstärkt, aber elastisch und fest	Konturen von Unterbrust und Übergang Schulter zum Rumpf leicht schwammig; kräftiges Unterhautbindegewebe	Rückenlinie gerade, Wirbelsäule flächig in Haut/Unterhaut eingebettet, kein Fettansatz

Schulter	Widerrist und Übergang zur Sattellage	Vorderbrust
Deutliche Fettpolster hinter der Schulter; Fett fühlt sich fester an; Konturen der Knochen sind kaum mehr sichtbar	Dornfortsätze gut mit Fettpolster umgeben; hohe Welle beim Abstreichen der Haut; Finger sinken tief ein	Gesamte Wölbung nach außen; einzelne Muskelstränge nicht mehr fühlbar
Schwellende Fettpolster an der gesamten Schulter mit verschwommenen Konturen der Knochen	Schwellende Fettpolster; Widerrist beziehungsweise Dornfortsätze kaum mehr von Fett zu unterscheiden	Wie oben, aber noch ausgeprägter

Rumpf und Rippen	Kruppe und Übergang Kruppe/Schweifansatz	Flanke, Sitzbeinhöcker, Hüftknochenbereich
Rippen sind nicht sichtbar und leicht zu fühlen	Geringe Fettdepots am Übergang Kruppe/Schweif; fühlen sich leicht schwammig an	Die Flanke sollte gerade vom Bauch in die Hinterhand übergehen; Hüftknochen sollten nicht herausstehen, aber gut sichtbar sein
Leicht greifbare Fetteinlagerung; Rippen nur beim Abtasten fühlbar; Fett ist weich	Schweifansatz noch nicht eingesenkt, hebt sich leicht hervor; leichte Fettbildung, die sich weich anfühlt (Pudding)	Knochen deutlich durch eingelagertes Fett abgepolstert und kaum sichtbar

Stufe	Unterbrust und Übergang Schulter zum Rumpf	Rücken
Dick = 7 Fleischig, leicht mastig; Unterhautbindegewebe weist flächig eingelagertes, weiches Fett auf	**Unterbrust:** Leichte Wölbung nach außen; schwammiger Fettansatz; sichtbares Einschnüren des Sattelgurtes; am Übergang zu den Rippen ist weiches Fettgewebe fühlbar	Bildung von Rinne und leichten Fettwülsten links und rechts der Wirbelsäule; Wülste fühlen sich leicht schwammig an
Fett = 8 Flächig eingelagerte Fettschichten im Unterhautbindegewebe und punktuelle Fettwölbungen an bestimmten Problemzonen; Fett noch weich	**Unterbrust:** Runde, nach außen gewölbte Fettpolster; Fett fühlt sich fest an und lässt sich als Ganzes hin und her schieben	Wirbelsäule bildet deutliche Rinne; Fettwülste links und rechts fühlen sich fester an
Extrem fett = 9 Wie oben, aber erhebliche Fettwölbungen an fast allen Problemzonen, schwellende oder wellige Fettpolster, zum Teil verhärtet	**Unterbrust:** Runde, gewellte, nach außen gewölbte Fettpolster; Fett ist fest und lässt sich als Ganzes hin und her schieben	Wie oben, aber Fettwülste wölben sich vermehrt auf, nicht schwellend

Rumpf und Rippen	Kruppe und Übergang Kruppe/Schweifansatz	Flanke, Sitzbeinhöcker, Hüftknochenbereich
Rippen nur fühlbar, wenn man die Fingerkuppen tief in die Haut eintaucht und schiebt	Schweifansatz in Fett tief eingebettet; beim Heben des Schweifs bildet sich Querfalte; Gewebe mittelfest. **Kruppe:** Geringe Bildung von Fettpolstern links und rechts der Wirbelsäule oder hintereinander	Hüftknochen nicht sichtbar, sehr deutlich abgepolstert aber noch fühlbar
Rippen nur noch mit erheblichem Druck fühlbar	Schweifansatz senkt sich deutlich ins umliegende Fettgewebe ein; deutliche Querfalte beim Schweifanheben **Kruppe:** Mittlere Fettpolster links und rechts der Wirbelsäule oder hintereinander	Hüftknochen und Sitzbeinhöcker nicht mehr sichtbar und nicht mehr fühlbar
Rippen wegen des eingelagerten flächigen Depotfetts nicht mehr fühlbar	Schweifansatz wie oben, jedoch schwellende Fettpolster; gespaltene Kruppe oder sich erheblich wölbende Fettpolster hintereinander	Flanken nach außen gewölbt; Fettpolster an den Innenseiten der Hinterbeine, die beim Laufen aneinander reiben

4 Mögliche Folgen des Übergewichts

Zu Unrecht gilt Dickleibigkeit bei Pferden als Kavaliersdelikt, denn neben dem unschönen Anblick eines fetten Pferdes kann Übergewicht schwerwiegende gesundheitliche Folgen für das Tier haben.

Ästhetische Aspekte

Das Wort Ästhetik stammt vom Griechischen *aisthesis*, bedeutet sinnliche Wahrnehmung und ist die Lehre vom Wesen und den Erscheinungsformen des Schönen und Hässlichen in der Natur und den Künsten. Der Philosoph Moses Mendelssohn hält die Empfindung der Schönheit als undeutliche Erkenntnis in der Beschränktheit der menschlichen Natur für begründet. Das Schöne selbst sei das Bild eines Wirklichen, das menschliche Gefühle wiederspiegele und idealisiert erscheine.

Mit anderen Worten: Für den Menschen ist ästhetisch, was er für ästhetisch hält. Ein Anhänger barocker Pferderassen findet runde, gedrungene und imposante Formen ästhetisch, während der deutsche Warmblutzüchter eine solche üppige Erscheinungsform als unästhetisch empfindet. Eine sinnvolle Einstufung von schön oder hässlich im Zusammenhang von dünn oder dick ist also kaum vorzunehmen, da fast jeder Mensch ein anderes Schönheitsideal favorisiert und auch der Zeitgeist eine gewisse Rolle spielt.

Dennoch sollte auch ein barockes Pferd heute nicht übermäßig fett sein. In der Barockzeit, die propere Körperformen generell bevorzugte, wusste man nämlich noch kaum etwas über mögliche Auswirkungen auf die Gesundheit. Deshalb darf das ästhetische Empfinden jener Epoche nicht kritiklos auf unser Zeitalter übertragen werden. Die Renaissance der barocken Pferderassen sollte sich also an dem heutigen tiermedizinischen Kenntnisstand orientieren und ihr Schönheitsideal zugunsten der Pferdegesundheit relativieren.

Verminderte Leistungsfähigkeit

Generell wird bei dicken Pferden das gesamte Kreislaufsystem in der Bewegung überlastet. Darum werden auch Pferde mit zu viel Körpermasse wie wir

Menschen träge und faul, denn die vielen Körperpfunde, die sie ständig mit sich herumschleppen müssen, strengen die Tiere übermäßig an und lassen sie relativ schnell ermüden.

Grundsätzlich muss aber ausgeschlossen werden, dass die Trägheit des Pferdes durch physische Beschwerden wie Fieber, innere Krankheiten, Zahnschmerzen oder Parasitenbefall ausgelöst wird. Ein Gesundheits-Check gibt auch Aufschluss darüber, ob bereits Folgeerkrankungen durch Übergewicht wie Herz- oder Muskelschwäche vorliegen, die zu einer deutlich herabgesetzten Leistungsfähigkeit führen können. Ferner kann eine verminderte Lauflust auch auf einem falschen Beschlag oder Sattelproblemen beruhen.

Ein dicker Gras- oder Heubauch ist ebenfalls bei der Arbeit hinderlich. Er schränkt die Bewegungsmöglichkeit des Pferdes ein und macht es träge. Die Leistungsbereitschaft des Pferdes schwindet besonders bei hohen Außentemperaturen und intensiver Arbeit.

Schließlich kann auch der Fellwechsel mit seinen veränderten Anforderungen an den Stoffwechsel für vorübergehende Leistungseinbrüche verantwortlich sein, ebenso wie ein hoher Elektrolytmangel bei übermäßigem Schwitzen.

Folgeerkrankungen, Spätfolgen und erhöhte Sterberate

Übergewicht wirkt sich prinzipiell nachteilig auf die Vitalität des Pferdes aus und geht zu Lasten von Herz, Lunge und Kreislauf. Auch das gesamte Skelett,

Das Knochengerüst (Skelett) eines Pferdes und seine Gelenke sind für das Normalgewicht ausgebildet, wodurch bei Übergewicht nicht selten Rückenprobleme entstehen.

Die Kombination von Übergewicht und kohlenhydrathaltigem Futter kann auch Grund für eine Hufrehe sein.

Rückenwirbel und Gelenke werden durch Überpfunde in Mitleidenschaft gezogen, können erkranken oder vorzeitig verschleißen. Dasselbe gilt für Sehnen und Bänder, die dem Mehr an Körpergewicht auf Dauer meist nicht gewachsen sind.

Weiterhin ist bekannt, dass sich Übergewicht nachteilig auf die Fruchtbarkeit des Pferdes auswirken kann und dass Hautkrankheiten wie das Sommerekzem bei dicken Pferden eher auftreten als bei schlanken. Auch für Stoffwechselstörungen sind fette Pferde anfälliger. So begünstigt Übergewicht eine Futterrehe, die meist durch kohlenhydrathaltige Getreidesorten wie Gerste oder fruktanhaltige Gräserarten wie Weidelgras ausgelöst wird. Zu dicke ältere Pferde ab zwanzig neigen zum so genannten Cushing-Syndrom, eine Art Altersdiabetes, das durch einen gutartigen Tumor im Gehirn verursacht wird und sich unter anderem auch durch Reheschübe äußert.

Ferner kann eine fortschreitende Verfettung auch zu einer krankhaften Fettsucht, der so genannten Adipositas, führen. Darunter versteht man eine gesteigerte Ansammlung von Fett im ganzen Körper, am stärksten unter der Haut, aber auch in der Umgebung der Nieren, am Herzen, im Herzbeutel und im Innern der Leberzellen sowie zwischen den Muskeln und Muskelbündchen. Häufig bildet sich allmählich Muskelschwäche aus, die durch Mangel an Bewegung gesteigert wird. Oft stellen sich mit der Zeit auch Herzbeschwerden ein, zum einen weil das Herz infolge der Gewichtszunahme mehr Arbeit leisten muss und zum andern weil seine Muskelfasern mehr oder weniger von Fettgewebe durchwachsen werden und fettig entarten.

Aber nicht nur übermäßige Nahrungsaufnahme kann zur Fettsucht führen, sondern auch Funktionsstörungen des Organismus (endogene Fettsucht).

Hierzu zählen Störungen der Schilddrüse, der Geschlechtsdrüsen, der Hypophyse und der Nebennieren. Im Allgemeinen ist aber nicht nur die Dysfunktion einer Drüse für die Fettsucht verantwortlich.

Schließlich ist die Lebenserwartung des übergewichtigen Pferdes aufgrund der negativen Einflüsse auf seine Gesundheit deutlich herabgesetzt. Zu plötzlichen Todesfällen kann es zudem durch Blitzdiäten kommen, die beim Pferd eine massive Depotfettmobilisierung auslösen und über die Blutbahn die Leber verfetten (Hyperlipämie).

Übergewicht abbauen und vermeiden

5

Was kann man also tun, um ein dickes Pferd abzuspecken beziehungsweise eine Gewichtszunahme zu verhindern?

Zunächst muss man klären, welche Nährstoffe das Pferd eigentlich braucht und wie seine Futterverwertung funktioniert. Ausgehend von diesen Erkenntnissen können dann Korrekturen bei der Fütterung sowie entsprechende Veränderungen im Stall und auf der Weide vorgenommen werden. Zusätzlich muss das Pferd vermehrt zur körperlichen Arbeit herangezogen werden. Beide Maßnahmen – sowohl die Ernährungsumstellung als auch die Bewegungssteigerung – dürfen jedoch nicht abrupt durchgeführt werden, sondern müssen allmählich geschehen, um Gesundheitsstörungen zu vermeiden.

Entwicklung des Pferdes im Hinblick auf seine Ernährung

Der Urahn unserer heutigen Pferde, das katzengroße Eohippus, lebte vor 60 Millionen Jahren noch in tropischen Regenwäldern und ernährte sich hauptsächlich von Laub. Aus ihm entwickel-

Keine Radikaldiäten!

Der radikale Futterentzug ist für alle Pferde, im Besonderen aber für Ponys, Kleinpferde und Esel sehr gefährlich! Vor allem, wenn mehrere Tage nichts oder nur sehr wenig verfüttert wird, mobilisiert der Körper in hohem Maße eigene Fettreserven, um den Energiebedarf zu decken. Dabei wird so viel körpereigenes Fett freigesetzt, dass es von der Leber nicht mehr gänzlich verarbeitet werden kann. Dieses überschüssige, nicht abbaubare Fett lagert sich dann in der Leber ab (Hyperlipämie, akutes Leberleiden) oder gelangt über den Blutkreislauf (erhöhte Blutfettwerte, Triglyzeridgehalt) in andere Organe mit der Folge von Nierenschwäche oder Herzmuskel-Verfettung. Etwa 60 bis 85 Prozent der Pferde, die einen solchen Prozess erleiden, sterben. Bei übergewichtigen Eseln und Ponys verstärkt zudem Wurmbefall diesen Vorgang dramatisch, besonders im Frühjahr, wenn die ruhenden Larven unter der Schleimhaut des Blind- und Grimmdarms heranwachsen.

te sich das *Equus przewalski*, ein Wildpferd, das seinen Lebensraum aufgrund von Klimaveränderungen vornehmlich in Busch- und Grassteppen fand, die dann seine Futtergrundlage darstellten. Aufgrund dieser Umgestaltung seines Lebensraumes veränderte sich auch der Verdauungstrakt des Wildpferdes. Der Dickdarm nahm an Größe zu, da in ihm vor allem pflanzliche, faserhaltige Stoffe unter Zuhilfenahme von Mikroben verdaut werden konnten. So war schon dieser Vorläufer aller heutigen und domestizierten Pferde in der Lage, sowohl konzentrierte Stoffe wie Kohlenhydrate, Eiweiß und Fette durch körpereigene Enzyme im Magen und Dünndarm zu erschließen als auch faserreiche und energiearme pflanzliche Substanzen durch mikrobiell gebildete Enzyme im Dickdarm in Energie beziehungsweise Brennstoffe umzuwandeln. Und daran hat sich bis heute bei allen Pferden nichts geändert. Deshalb gilt für die Ernährung des Pferdes grundsätzlich: Die vielseitige Verwertungsfähigkeit des Pferdes verlangt auch eine Vielseitigkeit seines Nahrungsangebotes, damit die hoch entwickelten und empfindlichen Verdauungssysteme nicht einseitig beansprucht werden.

Was Pferde wirklich benötigen

Ein Pferd benötigt zum Existieren

- Baustoffe (zum Aufbau und Erhalt von Muskeln, Organen und Bindegeweben)
- Brennstoffe (Energie liefernde Substanzen)
- Struktur- und Ballaststoffe (regulierende Wirkung auf Nahrungsaufnahme, Kautätigkeit, Speichelproduktion, Darmmotorik) sowie
- Begleitstoffe (Mengen- und Spurenelemente)

Diese Stoffe sind sowohl im Grundfutter (Heu, Stroh, Grassilage, Gras) als auch im Ergänzungsfutter (Getreide, Mischfutter, Saftfutter) mehr oder minder stark enthalten.

Eine weitere Unterteilung orientiert sich an der Art und Weise, ob und wie ein Pferd zu Leistungen herangezogen wird. Unter Erhaltungsfutter versteht man die Menge, bei der sich das Pferd auf dem jeweiligen Körperzustand erhält, ohne dabei nutzbare Leistung zu produzieren. Produktionsfutter ist dabei die Menge, die das Pferd in den Stand versetzt, nach irgendeiner Nutzungsrichtung hin Arbeit zu erzeugen. Dabei richtet sich der Wert eines Futtermittels nicht nach seinem Gehalt an Rohnährstoffen, sondern nach seinem durch die Futterverwertung festgestellten Gehalt an verdaulichen Substanzen; verdauliche Energie wird in Megajoule (MJ) gemessen: ein Megajoule entspricht 1000 Kilojoule (KJ).

Die Zusammensetzung der Futterration richtet sich nach dem individuellen Bedarf des einzelnen Pferdes an Nährstoffen und Energie. Dabei spielen unter anderem Rasse, Temperament, Geschlecht, Klima und Haltungsbedingungen eine entscheidende Rolle. Absolut unentbehrlich in der Futterration ist das Raufutter beziehungsweise rohfaserhaltige Futtermittel wegen seiner Bedeutung für die Funktion des Verdauungskanals.

Schematisch vereinfachte Darstellung der Futterverwertung beim Pferd

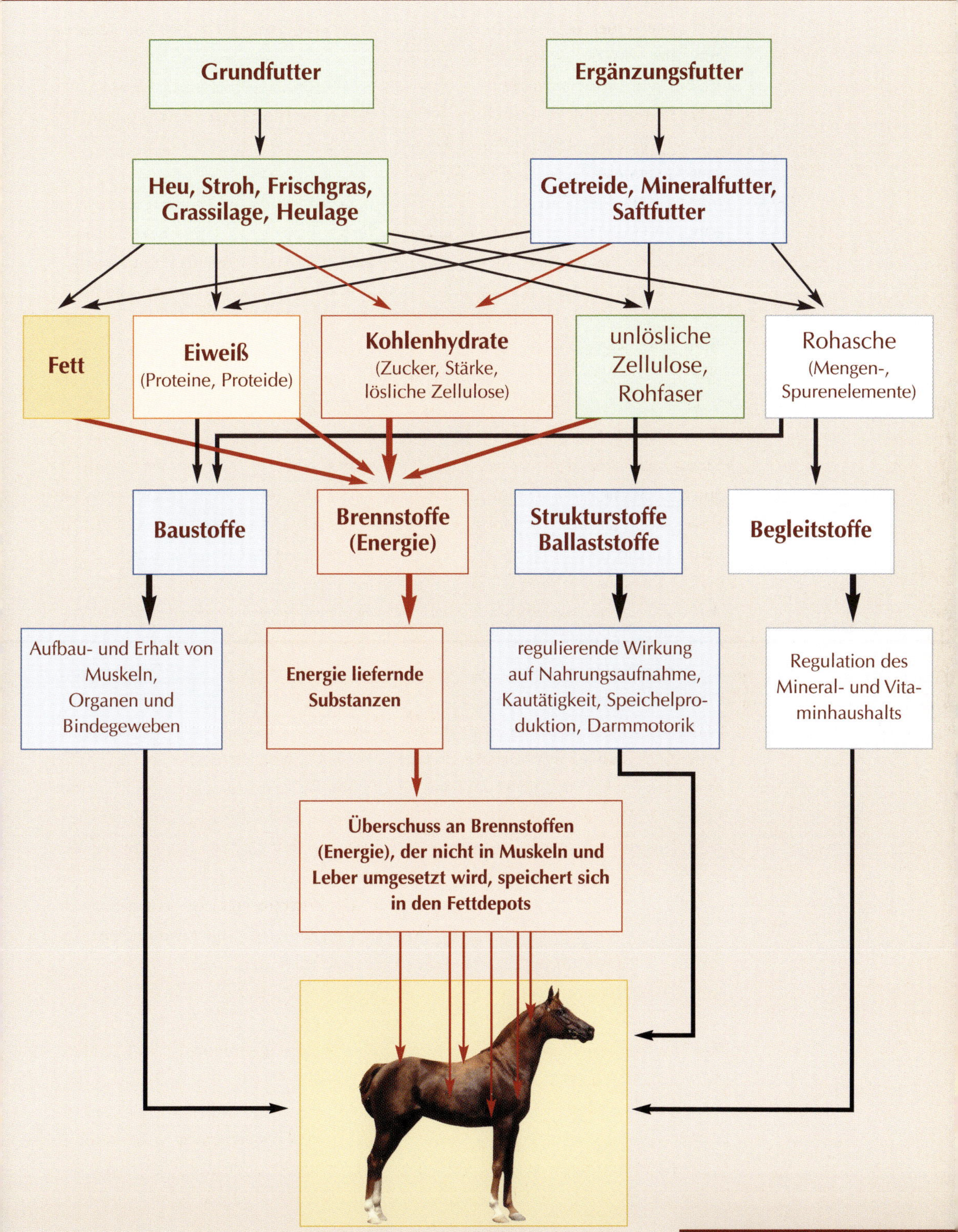

Rohfaserhaltige Grundfuttermittel sind für alle Pferde lebenswichtig.

Allgemein kann gesagt werden, dass Pferde im Erhaltungszustand, die also keine größeren Leistungen erbringen müssen, einzig mit einer raufutterreichen Ration sowie Vitaminen und Mineralien auskommen, während Arbeitspferde (Zug-, Reit- und Hochleistungspferde), die viel Muskelarbeit verrichten müssen, zusätzlich Energie und Elektrolyte benötigen. Dabei richtet sich die Größe und Zusammensetzung der Ration des Ergänzungsfutters nach der Art der Leistung, zum Beispiel kurzfristige Höchstleistungen bei Renn- und Springpferden oder mittel- bis langfristige Leistungen bei Reit- und Zugpferden. Diesen Unterschieden muss durch Modifikationen bei der Rationsgestaltung entsprochen werden.

Tabelle 4 gibt grob gemittelte Futtermengen sowie ihre Energiewerte für das nicht übergewichtige Pferd an und berücksichtigt weder extrem gute oder schlechte Futterverwertung noch individuelle Pferdetypen und Pferderassen.

Futterumstellung und -einschränkungen

Wichtig ist bei der Futterzusammenstellung übergewichtiger Pferde, dass energiereiche Komponenten wie etwa Kohlenhydrate (Stärke, Zucker) reduziert werden, zugleich aber das Gleichgewicht zwischen Energie (gemessen in Mega Joule (MJ) verdaulicher Energie), Rohprotein und Mineralstoffen gewahrt werden muss. Eine zweite wichtige Vorgabe ist, dass die Rohproteingesamtmenge im Futter auch beim übergewichtigen Pferd nie mehr als 30 Prozent nach oben vom Sollwert abweichen darf.

Geeignete Futtermittel

Im Prinzip eignen sich sowohl alle traditionellen Futtermittel, also Heu, Stroh, Hafer, Salzleckstein und Frischgras als auch „moderne“ Futtermittel wie Gras-

Tabelle 4: Durchschnittlicher Futter- und Energiebedarf Pferd (Heu/Hafer/Stroh/ oder Grünfutter alleinig)

		Pferde im Erhaltungszustand					Pferde im Leistungszustand (Arbeit: leicht-mittel-schwer)				
	Gewicht (kg)	**200**	**300**	**400**	**500**	**600**	**200**	**300**	**400**	**500**	**600**
I	Heu (kg) Energie (MJ)	2 (16)	3 (24)	4 (32)	5 (40)	6 (48)	2-2,5-3 (16-20-24)	3-3,75-4,5 (24-30-36)	4-5-6 (32-40-48)	5-6,25-7,5 (40-50-60)	6-7,5-9 (48-60-72)
II	Hafer (kg) Energie (MJ)	0,5 (5,5)	0,75 (8,2)	0,75 (8,2)	1,0 (11)	1,0 (11)	1-1,75-2,5 (11-19-28)	1,5-2,1-3,75 (16-24-41)	2-3,5-5 (22-38-55)	2,5-4,2-6 (28-47-66)	3-5,2-7,5 (33-57-82)
III	Stroh (kg) Energie (MJ)	1,5 (7,5)	2 (10)	2,5 (12,5)	3 (15)	bis 4 (20)	1-1,5-2 (5-7,5-10)	1,5-2-2,5 (7-10-12)	3 (15)	2,5-3-3,5 (12-15-17)	2,5-3-4 (12-15-20)
IV	Grassilage (kg) Austauschmenge Heu Energie (MJ)	4 (16)	6 (24)	8 (32)	10 (40)	12 (48)	4-5-6 (16-20-24)	6-7,5-9 (24-30-36)	8-10-12 (32-40-48)	10-12,5-15 (40-50-60)	12-14-18 (48-60-72)
V	Grünfutter (kg) alleinig Energie (MJ) *2	15 (32)	20 (42)	25 (52)	30 (63)	35 (73)	15-25 (32-52) *1	20-35 (42-73) *1	25-50 (52-105) *1	30-55 (63-115) *1	35-60 (73-126) *1
	Ist (I+II+III) (MJ)	29	42,2	52,7	66	79	32-46-62	47-64-90	70-93-118	80-112-146	93-132-174
	Ist (II+III+IV) (MJ)	29	42,2	52,7	66	79	32-46-62	47-64-90	70-93-118	80-112-146	93-132-174
	Ist (V) (MJ)	32	42	52	63	73	32-52	42-73	52-105	63-115	73-126
	Soll (MJ)	**32**	**43**	**53**	**63**	**72**	**32-64**	**43-86**	**54-107**	**64-127**	**73-145**

**1 Pferde mit schwerer Arbeit/Höchstleistungen: Zufütterung energiereiches Zusatzfutter*
**2 Grünfutter aus Gräsern mit mittleren Inhaltsstoffen an Energie (Kohlenhydrate, Fett, Eiweiß)*

silagen, Heulagen und Mischfutter zur Ernährung übergewichtiger Pferde. Es kommt lediglich auf die

- Menge
- die Art der Zusammensetzung und
- die Art der Vergabe an.

- Wichtig bei übergewichtigen Pferden ist, dass das *Heu* möglichst spät geerntet wird (später Schnitt nach der ersten Blüte), da sich die Inhaltsstoffe bei später Ernte zugunsten des Rohfaseranteils und gegen hohe Kohlenhydratanteile verschieben. Bei einer späten Heuernte liegt außerdem das Verhältnis von Eiweiß, Energie, Vitaminen, Mineralien und Rohfasern im optimalen Verhältnis vor. Weiterhin sollte das Heu von wenig oder gar nicht gedüngten Wiesen (Stickstoffdüngung) stammen, möglichst kräuterreich, arm an Klee und so genannten Turbo-Gräsern wie zum Beispiel Weidelgras sein.

- *Stroh* besitzt immerhin noch rund ein Drittel der verdaulichen Energie von Heu, enthält viel Kalzium, wenig Mineralien und Vitamine, aber hat einen hohen Rohfaseranteil. Doch auch beim Stroh gibt es Unterschiede. So ist beispielsweise Weizenstroh mit seinem hohen Stängelanteil relativ energie- und eiweißarm und wird von Pferden gern gefressen. Gerstenstroh ist noch eiweißärmer, weicher, sehr saugfähig und gut als Einstreu geeignet. Einige Pferde fressen es wegen des hohen Anteils pieksender Grannen nicht. Das Haferstroh mit seinem hohen Blattanteil ist hingegen energie- und eiweißreich und schmeckt Pferden sehr gut. Wegen seiner Anfälligkeit zur Schimmelbildung wird es jedoch seltener eingesetzt. Roggenstroh wird von Pferden sehr ungern gefressen, kann aber als Einstreu gute Dienste leisten. Wenn man keine Hobelspäne als Einstreu verwenden möchte oder kann (besonders im Offenstall und in der Gruppenhaltung), lässt sich das Fressverhalten des übergewichtigen Pferdes steuern, indem man energieärmeres Stroh verwendet, welches nicht gern gefressen wird, also Gersten- und Roggenstroh, weniger Weizenstroh und kein Haferstroh.

  Stroh darf jedoch nicht als Hunger-Diätfüller für fette Pferde missbraucht werden. Das heißt, der Futterstrohanteil darf nie mehr als 50 Prozent von der verfütterten Heumenge abweichen, da sonst die Gefahr einer Verstopfungskolik droht.

- *Grassilagen* (Anwelksilage) und so genannte Heulage (Gärheu) werden immer öfter als Grundfutter eingesetzt und verdrängen zunehmend das Heu. Sie werden von vielen Landwirten aufgrund ihrer relativ witterungsunabhängigen Ernte favorisiert. Der Vorteil für das übergewichtige Pferd ist, dass bei der Silierung des Grases Milchsäurebakterien den Zucker fressen und daraus Milchsäure bilden. Deshalb ist in einer korrekt hergestellten Grassilage weniger Zucker (als energieliefernde Kohlenhydrat) enthalten als in einer

Grassilagen dürfen prinzipiell nicht mehr als 50 Prozent des Grundfutters ausmachen.

vergleichbaren Menge Heu. Neben giftiger Schimmelbildung können jedoch Fehlgärungen und Krankheitserreger durch schädliche Inhaltsstoffe wie Milben, Tierkadaver oder Mistrückstände mit fatalen Folgen für die Pferdegesundheit entstehen (Botulismus). Die Halme dürfen

Kauen macht satt!

Die Verfütterung älteren und gleichzeitig energieärmeren Heus und Strohs hat auch den Vorteil, dass sich die Zahl der Kauschläge erhöht (Vorverdauung im Maul). Gründliches Kauen garantiert die ungestörte Passage des Nahrungsbreis in den daran folgenden Verdauungskanal von Magen und Darm, weil das Pferd damit gleichzeitig vermehrt Speichel produziert. Dieser Speichel enthält Mineralstoffe und neutralisiert die im Magen entstehenden Säuren. Während für ein Kilogramm Mischfutter nur etwa ein Liter Speichel produziert wird, sind es bei einem Kilogramm Heu etwa drei Liter Speichel. Neuere Untersuchungen geben Hinweise darauf, dass es zwischen der Anzahl der Kauschläge und dem Gehirn des Pferdes eine Verbindung gibt. Das Gehirn zählt quasi die Kauschläge mit und gibt nach einer entsprechenden Zahl Entwarnung, dass der Bedarf der Futteraufnahme jetzt gedeckt ist. Daraus erklärt sich, dass bei der Verabreichung von weniger Raufutter und mehr Kraftfutter das Pferd vermehrt Holz knabbert, um die Gesamtsumme der Kauschläge zu erreichen.

Hafer wird vom Pferd besonders gut aufgeschlossen, muss aber für das dicke Pferd streng rationiert werden.

außerdem nicht unter fünf Zentimeter lang sein, sonst kann es zu Schlundverstopfungen und Anschoppungskoliken kommen.

Will man Gefahren für die Gesundheit seines Pferdes beim Verfüttern landwirtschaftlich hergestellter, meist energiereicherer Silage weitgehend ausschließen, kann man auf relativ teure Industrieprodukte ausweichen. Diese energieärmeren und rohfaserhaltigeren Silageprodukte wie Gärheu, Heulage, Power- oder Boxgras werden speziell für Pferde hergestellt und unterliegen strengen Kontrollen.

- Generell ist *Hafer* für das Pferd bekömmlicher als Gerste oder Mais, da er fast vollständig im Dünndarm zerlegt wird. Außerdem besitzt Hafer etwa zehn Prozent weniger Energie als Gerste und Mais und eignet sich deshalb besser für das übergewichtige Pferd.

- Industriell zusammengemischte *Spezialfertigfuttermittel* (Müsli, Light-Futter, Rassen-Mix) für Ponys, Robustpferde oder Araber enthalten nur geringfügig weniger Energie und Eiweiß als reiner Hafer. Ihr Einsatz ist nur dann sinnvoll, wenn das übergewichtige Pferd nicht mit einer kleinen Menge Hafer bedarfsgerecht gefüttert werden kann. Müslifutter beinhalten zudem oft zuviel Melasse (über zehn Prozent sind problematisch) und Mühlennachprodukte wie Haferschälkleie und Nachmehle (bis 50 Prozent!), die sehr energiereich sind und daher nicht verfüttert werden sollten.

- Zur Abwechslung auf dem Speiseplan des übergewichtigen Pferdes kann hier und da *Extraktionsschrot* zugemischt werden. Im Unterschied zur Kleie ist Extraktionsschrot nämlich kein Abfallprodukt, sondern es besitzt als Nebenprodukt aus der Ölgewinnung verschiedener Früchte wertvolle Futterbestandteile. Dennoch sollte es nicht mehr als 25 Prozent des Mischfutters ausmachen, günstig sind fünf Prozent.
  Leinextraktionsschrot und Sojaextraktionsschrot enthalten jedoch viel Eiweiß und eignen sich weniger. Maisextraktionsschrot besitzt entgegen allgemeiner Meinung einen geringen Stärkegehalt und mäßig Eiweiß und ist als Zumischung besser geeignet. Schließlich ist Sonnenblumenextraktionsschrot zwar eiweißhaltiger, wirkt aber aufgrund seiner Schleimstoffe günstig auf Magen-Darm-Schleimhäute.

- Eine ausreichende *Mineralstoffversorgung* ist auch beim übergewichtigen Pferd unabdingbar. Mineralfuttermischungen enthalten Mengenelemente (Ca, P, Mg, Na, Cl, K) und Spurenelemente (Fe, Cu, Zn, Mn, Co, J, Se). Sie sollten möglichst kein oder sehr wenig Phosphor enthalten, da die meisten Pferde mit Phosphor überversorgt sind. Füttert man Heu oder Gras von Magerwiesen, sollte man zusätzlich Futterkalk geben, um das Calcium-Phosphor-Verhältnis ausgewogen zu gestalten.

- Wenn man beim übergewichtigen Pferd die Futtermittelration um 20 bis 30 Prozent unter den Erhaltungs- beziehungsweise Leistungszustand senkt (zum Abbau der Fettdepots), kann es zu einer Unterversorgung mit *Vitaminen* kommen. Selten liegt jedoch ein echter Vitaminmangel (Avitaminose) vor, mehr eine durch das geringere Futterangebot problematische Versorgung von Vitaminen, die sich knapp unterhalb des Optimums bewegt (Hypovitaminose). Ist man sich unsicher, ob die durch Heu oder Frischgras zugeführten Vitamine ausreichend sind, kann in Absprache mit dem Tierarzt ein Vitaminzusatzpräparat oder eine etwas größere Dosierung von vitaminreichem Mineralzusatzfuttermittel verabreicht werden.

- Um den winterlichen Speiseplan vielfältiger zu gestalten, lässt sich als Ergänzung zum Grund- und Kraftfutter so genanntes *Saftfutter* einsetzen, wie zum Beispiel Äpfel, Möhren, Rote Bete, Bananen und Birnen. Sie dürfen aber nur als Dessert verstanden werden, müssen entsprechend rationiert werden (keine Unmengen!) und können den Vitamin- und Mineralhaushalt nicht ausreichend decken.

Willkommene Abwechslungen auf dem Speiseplan des übergewichtigen Pferdes stellen Saftfuttermittel dar.

Tabelle 5 zeigt verschiedene Grund- und Ergänzungsfuttermittel mit ihren Inhaltsstoffen. Wichtig in Bezug auf das übergewichtige Pferd ist besonders die verdauliche Energie je Kilogramm Trockensubstanz (Brennwerte), die in erster Linie durch Kohlenhydrate (Zucker, Stärke, Zellulose) definiert ist.

> Je geringer die verdauliche Energie eines Futtermittels ist, umso mehr eignet es sich für die Fütterung fetter Pferde.

Tabelle 5: Grund- und Ergänzungsfuttermittel mit Inhaltsstoffen

	Grundfutter/Rauhfutter (1 kg)					Ergänzungsfutter/Mischfutter/Kraftfutter (1 kg)							
Inhaltsstoffe	**Gras**	**Heu-lage**	**Stroh**	**Heu**	**Gras-silage**	**Gerste**	**Mais**	**Hafer**	**Pflan-zenöl**	**Misch-futter**	**Trocken-schnitzel**	**Weizen-kleie**	**Mais-silage**
Trockensubstanz 1* in Prozent	17-24	35-45	86	86	35	88	88	60-80	1	87-90	90	88-90	27
Rohprotein *2 in Prozent	1,5-3,5	3-6	0,7-1	2,3-10,5	20-25	8-9	6-7	8-13	0	8-10	5	10-70	2-9
Rohfett *3 in Prozent	0,6-0,9	1-2	1,4-1,6	1,5-2,7	1-2	1,9	4,1	4-6	99	2,5-3	0,5	3-6	1-3
Rohfaser *4 in Prozent	3-10	9-13	35-42	20-30	9-10	6	2,3	8-15	0	6-18	18	8-10	6-21
Verdauliche Energie *5 je kg Frischsubstanz (MJ)=Originalfutter	1,7-2,5	3-4	4-6	7-9	3-5	12-13	13-14	10-12	38	11-12	11-13	10-18	3-4
Verdauliche Energie je kg Trockensubstanz (MJ)	**bis 10**	**6-8**	**5-7**	**9-10**	**11-12**	**ca. 14**	**ca. 15**	**13-14**	**38**	**ca. 13**	**ca. 13,5**	**11-20**	**ca. 13**

„Roh" ist der Überbegriff und bezeichnet die chemische Zusammensetzung bestimmter Nährstoffgruppen

*1 *Trockensubstanz: Rest, der übrig ist, wenn einer frischen Substanz das Rohwasser entzogen wurde*
*2 *Rohprotein: Eiweißgehalt des Futters*
*3 *Rohfett: Fettgehalt des Futters*
*4 *Rohfaser: hauptsächlich Gehalt der Faserstoffe Zellulose und Lignin*
*5 *Originalfutter: Futter im Zustand der Frischsubstanz (mit Wasser)*

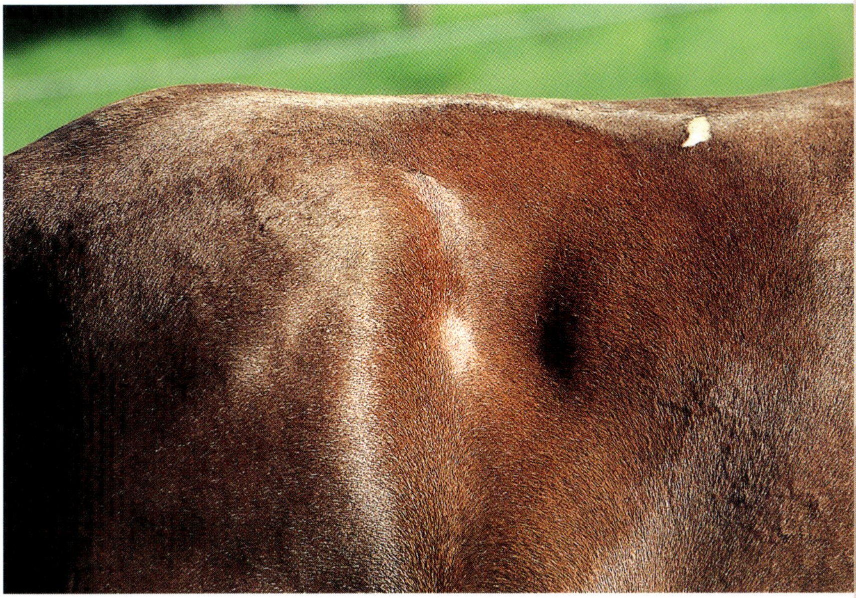

Diätfuttermittel eignen sich in erster Linie für den Aufbau abgemagerter und kranker Pferde, nicht zum Abnehmen dicker Pferde.

Diätfutter und Substanzen zur Unterstützung des Fettabbaus

Diät stammt vom griechischen Wort *diata* (Lebensweise) ab und bedeutet eigentlich Änderung der Ernährung, um eine Heilwirkung zu erreichen, ist in unserem Fall also in erster Linie auf kranke und alte Pferde zu beziehen, weniger auf übergewichtige.

Diätetik ist die Lehre von der geeigneten Ernährung für das einzelne, Individum.

Diätfuttermittel sind solche Futtermittel, die eine spezielle Indikation (Heilanzeige) besitzen, also bei Erkrankungen des Magen-Darm-Traktes, der Nieren, Leber und Haut. Diätfuttermittel enthalten leicht verdauliche Futterbestandteile wie beispielsweise Quetschhafer, Haferflocken, hydrothermisch aufgeschlossenes Getreide, gekochten Leinsamen und Traubenzucker.

Diätfutter in unserem Fall kann

- den Ernährungszweck der Verringerung des Übergewichtes haben, also eine Diät im üblichen Sprachgebrauch sein und zur Gewichtsabnahme führen.
- ein Futter sein, das speziell auf die Bedürfnisse des Pferdes mit einer bestimmten Erkrankung abgestimmt ist.

Diäthelfer beziehungsweise *Appetitzügler* alleine führen zu keiner dauerhaften Gewichtsabnahme. Sie können unter Umständen sogar gesundheitsbeeinträchtigende Folgen haben.

- *Algen* werden bei Pferden als Zusatzfuttermittel bei Mineralstoffmangel, Blutarmut, Nervenschwäche und weichen Hufen eingesetzt. Außerdem sollen sie in der Lage sein, nicht nur Schwermetalle aus dem Körper auszuschwemmen, sondern ihnen werden auch abführende und entschlackende Wirkungen nachgesagt. Sie binden den Sauerstoff ans Blut und sind somit auch leistungssteigernd.

- Der Knolle und den Blättern der südamerikanischen *Topinambur (Helianthus tuberosus)* spricht man ebenfalls gesundheitsfördernde Wirkung zu, besonders bei Diabetes, Stoffwechselleiden und Verdauungsstörungen. Vor allem ihre Blätter können als Zusatzfutter bei der Pferdefütterung eingesetzt werden. Topinambur ist wirksam bei verschiedenen Stoffwechselstörungen. Man schreibt ihr vorbeugende Wirkung bei Blutübersäuerung, Überlastung des Körpers durch Schlacken und Verfettung zu, die zur Selbstvergiftung führen können. Auch bei Überbeanspruchung einzelner Organe (Herz, Magen, Leber) ist diese Pflanze geeignet.

- Das *Vitamin Cholinchlorid* und die schwefelhaltige *Aminosäure Methionin* werden zum Abbau des Fettes in der Leber eingesetzt. Methionin beugt einer Leberverfettung vor. Ihr Einsatz wird jedoch hinsichtlich der Nebenwirkungen bei der Entgiftung der Leber im Veterinärbereich sehr in Frage gestellt.

- An der spanischen Uni Gasteiz wird zurzeit ein neues Medikament mit dem Namen *Fluoxetin* entwickelt. Fluoxetin soll den Appetit abschwächen, was in Tierversuchen mit Ratten bereits erfolgreich getestet wurde. Im Humanbereich wird Fluoxetin als Antidepressivum eingesetzt. Dabei beeinflusst beziehungsweise behindert es den Transport bestimmter Botenstoffe, der Neuropeptide. Neuropeptide sind zusammen mit weiteren Botenstoffen im Gehirn (Hypothalamus) für das Hunger- und Sättigungsgefühl verantwortlich.

Berechnung der Futterration

Die genaue Ermittlung der Futterration spielt für das abzunehmende Pferd eine zentrale Rolle, wobei sich die Menge des Futters sowohl am idealen Körpergewicht (nicht am aktuellen Gewicht einschließlich des Depotfetts!) als auch an der zu erbringenden Leistung orientiert.

Für die Berechnung des Erhaltungsbedarfs für Pferde gibt es folgende Formeln:

Erhaltungsbedart	Berechnungsformel
Energiebedarf in MJ verdauliche Energie	0,6 MJ verdauliche Energie/kg mal Körpergewicht (kg) hoch 0,75 *1
Eiweißbedarf in Gramm verdauliches Rohprotein	3 Gramm verdauliches Rohprotein/kg mal Körpergewicht (kg) hoch 0,75 *1

**1 Zahlentafel Gewicht hoch 0,75 siehe Anhang*

Berechnungsbeispiel:

Übergewichtiges Robustpferd:	Haflinger
Stockmaß:	143 cm
Idealgewicht (geschätzt):	460 kg
Gewogen:	560 kg
Übergewicht:	100 kg

Energiebedarf in MJ verd. Energie:
0,6 MJ/kg x 460 $^{0.75}$ kg
0,6 MJ/kg x 99,32 kg = 59,6 MJ

10 Prozent Abzug Robustpferderasse:
59,6 MJ x 0.9 = 53,0 MJ

20 Prozent Abzug für Abbau Energiereserven (Fettdepots):
53,0 MJ x 0.8 = 42,5 MJ

Erhaltungsbedarf verdauliche Energie übergewichtiger Haflinger
= 42,5 MJ pro Tag

und Eiweißbedarf in Gramm verdauliches Rohprotein:
3 g/kg * 460 $^{0.75}$ kg
3 g/kg * 99,32 kg = 297,0 Gramm

Erhaltungsbedarf Eiweiß übergewichtiger Haflinger
= 297,0 Gramm pro Tag

Gehen wir jetzt in die Tabelle 4 (Durchschnittlicher Futter- und Energiebedarf Pferd). Danach müsste der Haflinger folgende Futterrationen bekommen:

Haflinger Idealgewicht 460 kg, Erhaltungszustand:

Futtermittel	Verdauliche Energie	Eiweiß
Heu 4,6 kg	36,8 MJ	276 Gramm
Hafer 0,9 kg	9,9 MJ	99 Gramm
Stroh 2,8 kg	14,0 MJ	28 Gramm
Ist	60,7 MJ	403 Gramm
Soll (siehe oben)	42,5 MJ	297 Gramm
Zu viel	**18,2 MJ (= ca. 30 Prozent)**	**106 Gramm (= ca. 25 Prozent)**

Wie man sieht, würde der übergewichtige Haflinger nach der Tabelle 4 circa 30 Prozent zu viel bekommen. Also müssen alle Futtermittel um circa 30 Prozent gekürzt werden:

Korrekte Ration pro Tag:
3,2 kg Heu / 0,6 kg Hafer / 2,5 kg Stroh

Zieht dieser Haflinger zwei Stunden eine Kutsche (Einstufung: mittlere Arbeit), muss der Erhaltungsbedarf mit dem Faktor 1,5 multipliziert werden (übergewichtiger Haflinger im mittleren Leistungsbedarf):

42,5 MJ verdauliche Energie * 1.5
= 63,75 MJ

Haflinger Idealgewicht 460 kg, Leistungsbedarf mittel:

Futtermittel	Verdauliche Energie
Heu 4 kg	32 MJ
Hafer 1,5 kg	16 MJ
Stroh 2,8 kg	14 MJ
Ist	62 MJ
Soll (siehe oben)	63,75 MJ

Mit einer Briefwaage lässt sich Kraftfutter prima abwiegen.

Hinsichtlich der Arbeitsleistung unterscheidet man fünf Einstufungen:

- Erhaltungszustand:
  Stehen in der Box, Leben im Offenstall, eine Stunde spazieren gehen
- Leichte Arbeit:
  Eine Stunde leichte Reitplatzarbeit, Ausritt ein bis zwei Stunden mit Trab, ganztägiges Toben mit Artgenossen auf Weide und Paddock mit Trab- und Galoppeinlagen
- Mittlere Arbeit:
  Eine Stunde mittlere Reitplatzarbeit, Geländeritt oder Kutschfahrt zwei Stunden mit Trab und Galopp
- Schwere Arbeit:
  Eine bis anderthalb Stunden intensive Reitplatzarbeit, Wanderritt ganztags, zwei bis vier Stunden Ausritt mit viel Galopp (zum Beispiel Jagden)
- Sehr schwere Arbeit:
  Durchreiten eines Vielseitigkeitsparcours, Distanzritt, Galopprennen und sonstiger Hochleistungssport

Futter abwiegen

Das Abwiegen der Futtermittel ist für die korrekte Dimensionierung der Futterration unbedingt erforderlich. Das Raufuttergewicht lässt sich mittels einer Personenwaage oder einer Federwaage genau ermitteln. Kraftfutter kann man auf der Küchenwaage abwiegen. Kleinere Mengen bis zu 500 Gramm können auch mit einer Briefwaage abgewogen werden.

Interessant ist, dass der Eiweißbedarf des Pferdes vom Erhaltungszustand bis zur schweren Arbeit nur gering ansteigt, während der Energiebedarf erheblich zunimmt. Erst bei der sehr schweren Arbeit nimmt der Eiweißbedarf ebenfalls zu.

Der Energiebedarf eines jeden Pferdes orientiert sich also an seiner Arbeitsleistung. Für das normalgewichtige Pferd gilt:

- Erhaltungszustand wie zuvor berechnet
- Leichte Arbeit: Erhaltungszustand multipliziert mit 1,25
- Mittlere Arbeit: Erhaltungszustand

Für einen reibungslosen Fellwechsel und ein dichtes Winterfell braucht auch das übergewichtige Pferd mehr Baustoffe.

multipliziert mit 1,5

- Schwere Arbeit: Erhaltungszustand multipliziert mit 2,0
- Sehr schwere Arbeit: Erhaltungszustand multipliziert mit 2,5

Beim übergewichtigen Pferd, bei Robustpferden oder Pferden mit guter Futterverwertung gelten bei dieser groben Einteilung folgende Abzüge:

- Normalgewichtige Robustpferde (Norweger, Haflinger, Shetty, Isländer und Araber) und gute Futterverwerter minus zehn Prozent
- Übergewichtige Pferde minus 20 Prozent
- Übergewichtige Robustpferde minus 30 Prozent

Weitere Ausnahmen sind so genannte Bedarfsspitzen, also Zeiten, in denen das Pferd einen höheren Bedarf hat und in denen, auch das Pferd, das abnehmen soll,< ausreichend mit Baustoffen (Fellwechsel) und Brennstoffen (hohe Kälte im Winter) versorgt werden muss.

Auch beim abnehmenden Pferd müssen beim *Fellwechsel* veränderte Anforderungen an den Stoffwechsel berücksichtigt werden.

Ein guter und schneller Fellwechsel beim Pferd benötigt ein Mehr an hochwertigen Eiweißen (Baustoffe, keine Brennstoffe), Vitamin B und essenzielle Fettsäuren (zum Beispiel durch Bierhefe und Leinsamen). Für die Bildung eines dichten und langen Winterfells benötigen auch dicke Pferde größere Mengen Baustoffe. Diese können durch Verabreichen von mehr Raufutter und eiweißhaltigem Kraftfutter wie Hafer oder Mischfutter dem Pferd zur Verfügung gestellt werden.

Bei großer Kälte im Winter muss einem Pferd mehr energiereiches Futter verabreicht werden (Brennstoffe), vor allem beim Warmblut, weniger bei Robustrassen. Meist reicht es aber aus, im Fall strenger Kälte einfach nur mehr Raufutter in Form von Heu und Futterstroh zu geben, allerdings auch nur so viel, dass es nicht auskühlt und trotzdem sein eigenes Depotfett weiterhin abbaut. In diesem Fall ist Fingerspitzengefühl angesagt.

Maßnahmen im Stall und bei der Fütterung

Bei der Einzelhaltung (Einzel-Laufstall oder Box mit zeitweisem Freilauf) ist die Kontrolle hinsichtlich der Futteraufnahme leichter zu bewerkstelligen als bei der Gruppenhaltung. In diesen Fällen frisst das Pferd nur das, was man ihm gibt. Man hat es also selbst in der Hand und kann gezieltere Maßnahmen treffen als in einer Gemeinschaftshaltung, bei der Einzelmaßnahmen oft kaum durchführbar sind. Eine Maßnahme kann der Wechsel der Einstreuart sein. Um eine hohe Strohaufnahme zu vermeiden, kann von Stroh auf Sägespäne als Einstreu gewechselt werden. Gleichzeitig sollte man die Fresszeiten verlängern, indem man Heu und Stroh zusammen und gemischt anbietet. Hierzu füllt man diese Grundfuttermischung in ein engmaschiges Heunetz oder in zwei ineinander gelegte normale, großmaschige Heunetze und bringt diese in Augenhöhe in der Box an. Ein ähnlicher Effekt wird erzielt, wenn das entsprechend reduzierte Ergänzungsfuttermittel (Hafer, Mischfutter und Ähnliches) in einen größeren Behälter oder Trog gefüllt wird und man große, glatte Kieselsteine hinein legt. So ist das Pferd länger mit der Kraftfutteraufnahme beschäftigt und wird noch das letzte Körnchen unter den Steinen herauspicken. Wichtig ist, dass nur naturrunde Kieselsteine verwendet werden, keine scharfkantigen Steine, sonst kann sich das Pferd Schnittwunden im Maul- und Lippenbereich zuziehen.

Schwieriger ist es, geeignete Maßnahmen im Gruppenauslauf- beziehungsweise Offenstall zu treffen. Meist sind es gerade die übergewichtigen Pferde, die auch das letzte Heu- und Strohhälmchen ergattern, das die anderen Pferde übersehen haben. Auch Fressstände sind vor diesen meist sehr verfressenen Tieren nicht sicher. Denn oft ist der Übergewichtige aufgrund der reduzierten Kraftfutterration als Erster fertig und wartet geduldig ab, bis die anderen Pferde aus ihren Fressständen herausgekommen sind und sich dem Raufutter widmen. Dann läuft das dicke Pferd die anderen Fressstände ab und holt sich alles, was übrig geblieben oder daneben gefallen ist – keine Seltenheit! Um dieses ständige bisschen Mehr an Futter zu verhindern, müssen die Fressstände sofort nach der Futteraufnahme aller Pferde zum Beispiel mit einer runden Metallstange oder einem ähnlichen Querriegel geschlossen werden. Hat man unterschiedlich große Pferde, müssen mindestens zwei Querverbindungen jeweils in Brusthöhe der Tiere angebracht werden.

Noch schwieriger gestaltet sich die Rationierung des Raufutters in der

Ungiftige Äste und Zweige vertreiben die Zeit zwischen den Mahlzeiten.

Gruppenauslaufhaltung, zumal wenn das dicke Pferd ranghoch ist und sich ungehindert an den Futterplätzen der anderen Pferde bedient. Hier hilft nur, das dicke Pferd während der Fütterungszeiten zu separieren, zum Beispiel durch ein mobiles Panelsystem. Eine andere Möglichkeit ist, das dicke Pferd nach dem Kraftfutter herauszuholen und solange zu beschäftigen, bis die anderen Pferde einen Großteil des Raufutters gefressen haben. Das restliche Raufutter teilt es sich anschließend mit den anderen Pferden. Sehr zeitaufwendig, aber eine Alternative!

Zu mehr Bewegung in der Gruppenauslaufhaltung führen auch klug durchdachte Aufteilungen von Raufutter- und

Kraftfutterplätzen sowie Liegebereichen und Tränken. Legt man zum Beispiel die Tränke und die Raufutterplätze weit auseinander, sind die Pferde genötigt, zwischen ihnen hin und her zu pendeln. Um Langeweile zu vermeiden, kann man ungiftige Zweige und Äste zum Knabbern im Paddock oder Auslauf auslegen.

Lange Fresszeiten, kurze Fresspausen

Weil das Pferd seiner Natur nach ein Dauerfresser ist, sollten auch beim übergewichtigen Pferd die Zeitspannen zwischen den Fütterungen möglichst kurz gehalten werden. Diese Zeit sollte tagsüber nicht länger als vier, nachts nicht länger als sechs bis acht Stunden dauern, um Verdauungsstörungen wie Koliken oder Magengeschwüre zu vermeiden.
Die Gesamtfutterration sollte deshalb auf möglichst viele Mahlzeiten (mindestens drei bei Stroheinstreu und fünf bei Alternativeinstreu) aufgeteilt werden, um die Fresszeiten zu verlängern.

Weidemanagement und Weidegang

Ein übergewichtiges Pferd sollte prinzipiell nicht unkontrollierten Zugang zu Weidegras haben. Die Grünfutteraufnahme ist entweder durch zeitlich begrenzten Weidegang, durch abgesteckte Portionsweiden oder durch gemähtes und abgewogenes Frischgras zu limitieren. Aus Tabelle 4 ist die maximale Grünfuttermenge als alleiniges Grundfutter entsprechend der Lebendmasse (Pferdegewicht) und dem Erhaltungs- beziehungsweise Leistungszustand beim normalgewichtigen Pferd abzulesen. Beim übergewichtigen Pferd sind wie bereits ausgeführt Abzüge bis zwanzig Prozent anzusetzen, bei guten Futterverwertern und leichtfuttrigen Robustpferderassen nochmals zehn Prozent.

Ein Pferd nimmt bei begrenztem Weidegang – bei dem es mehr und schneller frist als bei Dauerweidegang – auf einer üppigen, dicht bewachsenen Weide etwa sechs Kilogramm Gras pro Stunde auf, bei nicht so üppigem Bestand circa zwei bis drei Kilogramm pro Stunde.

Ein schlankes Pferd im Erhaltungszustand mit 400 Kilogramm Körpergewicht darf entsprechend der Tabelle 4 maximal 25 Kilogramm Gras (als alleiniges Futter) zu sich nehmen, also bei üppigem Bewuchs vier Stunden, bei mäßigem Bewuchs bis acht Stunden. Besser ist es, das Pferd zweimal am Tag je die halbe Zeit auf die Weide zu lassen.

Ist dieses Pferd mit 400 Kilogramm Gewicht fett und gehört es gleichzeitig einer Robustpferderasse an, sind die Zeiten des oben beschriebenen Weidegangs um circa ein Drittel zu kürzen. Weitere Kürzungen der Grasaufnahme ergeben sich, wenn die Grünlandgemeinschaft vornehmlich aus kohlenhydrathaltigen Gräsern oder stark eiweißhaltigen Kleearten bestehen.

Wie unterdrücke ich den Klee auf der Weide?

- Das Saatgut darf generell keinen Kleeanteil besitzen
- Düngung der Weide im März mit Kalkammonsalpeter
- Weide von Zeit zu Zeit für die Heuernte nutzen
- Weideflächen (besonders Portionsweiden) bis Juli oder August wachsen lassen, dann zum dosierten Abgrasen frei geben. Die hochgewachsenen Ober- und Untergräser nehmen dem lichthungrigen Klee das Sonnenlicht; er geht dann von selbst zurück
- Letzte Möglichkeit: die chemische Keule. Anstatt Stickstoffdünger wäre eher eine Behandlung mit kleeunterdrückenden Spritzmitteln zu vertreten. Aber auch in diesem Fall wird die Ausbreitung des Klees nur zwei bis drei Jahre gestoppt.

Auch beim Weidegang selbst lassen sich Maßnahmen treffen, die Grasaufnahme einzuschränken. Während die meisten Pferde das durchaus schmackhafte Gras im Bereich von Geilstellen verschmähen, grasen übergewichtige Pferde oft bis an den Rand der Dungstellen. Meist verfügen solche Pferde auch noch über eine höhere Kauschlagfrequenz, das heißt sie nehmen in der gleichen Zeit nicht selten ein Drittel mehr Frischgras von der Koppel als ihre schlanken Artgenossen. In solchen Fällen hilft nur, die Weidezeit entweder rigoros zu verkürzen, also das Pferd früher von der Weide holen als die anderen, oder es auf eine kurze und abgefressene Weide zu verbringen, die man mit einem mobilen Elektrozaun abstecken kann. Hierbei sollte aber immer auf ausreichenden Sichtkontakt geachtet werden. Auf keinem Fall darf das übergewichtige Pferd gedankenlos auf eine abgegraste, gesonderte Koppel oder in den abgetrennten Offenstall oder Innenstall verbracht werden, während seine Artgenossen um mehrere Ecken herum auf den Weiden stehen.

Eine weitere wirksame, aber schonende Fressregulation auf der Weide mit dem Vorteil eines vollen Sozialkontaktes und uneingeschränkten Weidegangs stellt der Einsatz von *Fressmaulkörben* dar, die inzwischen von mehreren Herstellern in unterschiedlicher Bau- und Funktionsweise angeboten werden.

Fressmaulkörbe erhält man mit eigener Riemenkonstruktion oder als zusätzliches Maulstück, welches an ein Spezialhalfter verschnallt wird. Allen gemein ist, dass sie die Grasaufnahme effektiv regulieren, indem die eingelassenen schmalen Schlitze in der Kunststoffform des Maulstück das Grasen einschränken.

Wichtig bei der Wahl des Korbes ist, dass er im Bereich der Nüstern genügend Freiraum lässt, damit das Pferd ungehindert atmen kann. Beim Fressen setzt das Pferd den Boden des Fresskorbes auf die Grasoberfläche und zupft das Gras durch die Schlitze. Durch das langsamere Fressen speichelt es zusätzlich mehr ein, was die Vorverdauung im Maul fördert. Die Wasseraufnahme ist durch einen Fresskorb nicht eingeschränkt. Wichtig sind die exakte Einstellung des Riemens

Fressmaulkörbe sehen zwar nicht besonders pferdegerecht aus, werden aber in der Regel schnell von ihnen akzeptiert.

beziehungsweise Halfters und eine regelmäßige Reinigung der Kunststoffplatte. Auch sollte man auf Sicherheitsverschlüsse und Sollbruchstellen achten, die sich im Notfall von selbst öffnen oder brechen.

Verfügt man über eine etwas größere Grünlandfläche (ein Hektar pro Großpferd), kann dem übergewichtigen Pferd ganztägiger Weidegang ermöglicht werden, indem man die vorhandene fette Monokulturweide in eine Magerweide umwandelt. Die Vorteile einer solchen Kräuter-Gras-Weide bestehen in ihrer mannigfaltigen Pflanzenzusammensetzung. Das Pferd hat beim Grasen eine ausreichende Selektionsmöglichkeit und erhält eine ausgeglichene Ernährungsbilanz. Zusätzlich geht der bei den intensiv bewirtschafteten Turbo-Weiden hohe Arbeitsaufwand bei einer extensiv bewirtschafteten Magerweide zurück. Die Düngungen im Frühjahr und Herbst entfallen, was sich obendrein noch kostengünstig auswirkt.

Die blütenprächtige Pflanzengesellschaft einer Magerweide besteht hauptsächlich aus Rotschwingel- und Straußgras sowie dem rohfaserreichen Knaulgras.

Beliebte Kräuter wie Kuckucks-Lichtnelke, Kleines Habichtskraut, Flockenblume, Ferkelkraut, Doldengewächse, Frauenmantel und Wiesenkümmel entstehen im Lauf der Zeit je nach Standort der Weide entweder von selbst oder können im Fachhandel als Pferdekräuter-Weidemischung zusätzlich eingesät werden. Dem Problem der Verunkrautung durch unerwünschte Kräuter wie Hahnenfuß und Ampfer bei zu hoher Besatzdichte (Trittbelastung) kann durch eine weiche Düngung entgegengesteuert werden. Solche Extensivweiden-Düngerempfehlungen erhält man nach der Untersuchung einer Bodenprobe bei den landwirtschaftlichen Genossenschaften. Im Allgemeinen reicht eine alle zwei bis drei Jahre durchgeführte Düngung mit Kalk (hebt ph-Wert an) oder dem so genannten Urgesteinsmehl, einem anorganischen Bodenverbesserer und Mineraldünger. Urgesteinsmehle neu-

Magerweiden sind nicht nur für leichtfuttrige Pferde vorzuziehen.

tralisieren saure und alkalische Böden, reduzieren oder ersetzen die Kalkung, haben regenerierenden Einfluss auf den Boden, fördern Regenwürmer (Auflockerung des Bodens) und festigen durch den hohen Silikatanteil das pflanzliche Gewebe.

Bewegungstraining

Sofern das übergewichtige Pferd gesund ist, muss es möglichst täglich bewegt werden, um effektiv abzunehmen. Hierbei ist sowohl ein schonendes, kontinuierlich steigendes Training als auch ein motivierendes, abwechslungsreiches Bewegungsprogramm erforderlich.

Aufbautraining

Grundsätzlich geht es beim dicken Pferd darum, das eingelagerte Depotfett beziehungsweise die Fettpolster durch Bewegung in Energie umzuwandeln und somit abzubauen. Bei einem Pferd, das schon längere Zeit übergewichtig ist, muss zunächst wieder ein Muskel- und Ausdaueraufbau durchgeführt werden und zwar durch allmähliches, regelmäßiges Bewegen ohne Höchstleistungen.

Nur so kann das Pferd sein Normalgewicht erreichen, ohne dass Sehnen, Bänder und Gelenke überlastet werden und eine Lahmheit provoziert wird. Nur eine allmählich gesteigerte Ausdauerleistung mit nicht zu hoher Geschwindigkeit ist für das übergewichtige Pferd körperverträglich und wandelt ohne Störung des Fettstoffwechsels Depotfett in Energie (Brennstoffe) um. Langsame Steigerung der Bewegung auch deshalb, weil sich beim Abbau des Depotfetts durch biochemische Umwandlungsprozesse Wasser bildet und abgelagert wird, welches kontinuierlich vom Körper aufgenommen werden muss, ohne Störungen des Stoffwechsels hervorzurufen.

Wie bereits erwähnt, benötigt der Pferdekörper grundsätzlich für die Bewegung von außen zugeführte Energie (Brennstoffe). Reicht diese von außen über das Futter angebotene Energie nicht aus, bedient er sich der inneren Quellen, also des Depotfetts. Und genau an dieser Stelle wird beim übergewichtigen Pferd angesetzt. Dabei ist es egal, welche Art die Bewegung ist. Von ausschlaggebender Bedeutung ist nur, mit welcher Intensitätsstärke die Bewegung durchgeführt wird. Dabei wird das intensive Bewegen beziehungsweise die Arbeit als „Umsatzleistung„ beschrieben, da Energie umgesetzt, also verbraucht wird.

Eine hohe Intensitätsstärke in Bezug auf Bewegung, also Umsatzleistung, mit gleichzeitiger Schonung der Gelenke besteht, wenn das Pferd in langsamer Gangart viel Leistung erbringen muss, zum Beispiel bei Bergtouren oder bei der Zugarbeit. Auch eine intensive Reitplatzarbeit in allen drei Gangarten (mittlere Belastung der Gelenke und Sehnen) sowie längere Galoppaden im Gelände (starke Belastung der Gelenke) sind von hoher Intensitätsstärke und bedingen eine Umsatzleistung.

Geringe oder kaum Umsatzleistung stellen eine Stunde im Schritt reiten oder leichte Reitplatzarbeit im Schritt und Trab dar.

Um das übergewichtige Pferd bewegungsmäßig aufzubauen, sollte man langsam und kontinuierlich vom bestehenden Erhaltungszustand über die leichte bis zur mittleren, später auch schweren Arbeitsleistung übergehen. Dabei muss das als Nächstes anzustrebende Leistungsniveau immer dem Konditionszustand angepasst werden, das heißt je nach Abbau des überschüssigen Körpergewichts (Depotfett) kann die nächst höhere Leistungsstufe in Angriff genommen werden.

Träge Pferde munter machen

Ganz falsch wäre es, ein träges Pferd durch Sporen- oder Gerteneinsatz ständig anzutreiben. Generell gilt: Das Pferd ist in allen Situationen und bei allen Gelegenheiten aufmerksamer zu machen und zur Konzentration zu nötigen. Solche Konzentrationsübungen lassen sich zum Beispiel durch Stangenarbeit auf dem Platz oder in der Reithalle durchführen. Hierbei lässt man das Pferd möglichst langsam über die Stangen treten, um mehr Aufmerksamkeit zu erreichen, oder man reitet durch ein Stangen-L oder Stangen-U. Auch häufige Gangartwechsel fördern die Konzentration des Pferdes. Reiten ohne Sattel macht das Pferd ebenfalls aufmerksamer. Der Rei-

Wichtig bei der Bodenarbeit ist, dass man die Übungen sehr langsam durchführt, was die Aufmerksamkeit der Pferde erhöht.

ter erhält ein besseres Gefühl für die Bewegungen seines Pferdes und für die eigene Hilfengebung. Generell gilt, alle treibenden Hilfen zu verfeinern anstatt zu verstärken! Mehr Stimmhilfen geben, Gerteneinsatz minimieren.

Flotte und abwechslungsreiche Ausritte zu zweit regen das träge Pferd an

Schließlich eignen sich alle gymnastizierenden Übungen wie zum Beispiel Springen über Cavaletti sowie alle Art von Bodenhindernissen zum Muntermachen träger Pferde.

Im Gelände bieten sich ebenfalls verschiedene Möglichkeiten an, um das träge Pferd zu motivieren. Hierbei gilt: Alles, was anders und neu ist, regt das Pferd an (nicht auf!). Eine Geländestrecke, die das Pferd immer wieder in gleicher Art und Weise bewältigen soll, muss irgendwann langweilig werden. Also die gleiche Strecke einmal anders durchlaufen, zum Beispiel Schlangenlinien um Baumreihen reiten. Die veränderte Sichtweise bewirkt beim Pferd verstärkte mentale Anstrengungen und macht es so munter. Auch Bergauf- und Bergabreiten weckten faule Pferde auf. Hilfreich sind außerdem gemeinsame Ausritte mit lauffreudigen Pferden, die das dicke, träge Pferd anspornen und zu mehr Bewegung animieren.

Das Vier-Punkte-Programm zum Schlankwerden und Schlankbleiben

6

Nachfolgend werden die wichtigsten Aspekte für das Abspecken und Schlankwerden von Pferden in einem vier Punkte umfassenden Programm nochmals übersichtlich zusammen getragen, um eine individuelle Planung erstellen zu können.

Konditionszustand und Übergewicht feststellen

Zuerst muss die tatsächliche Kondition (Mastkondition) durch den Body Condition Score festgestellt werden. Gleichzeitig wiegt man das Pferd oder vermisst

Durch den Body-Condition-Score kann man wirkliches Übergewicht am besten feststellen.

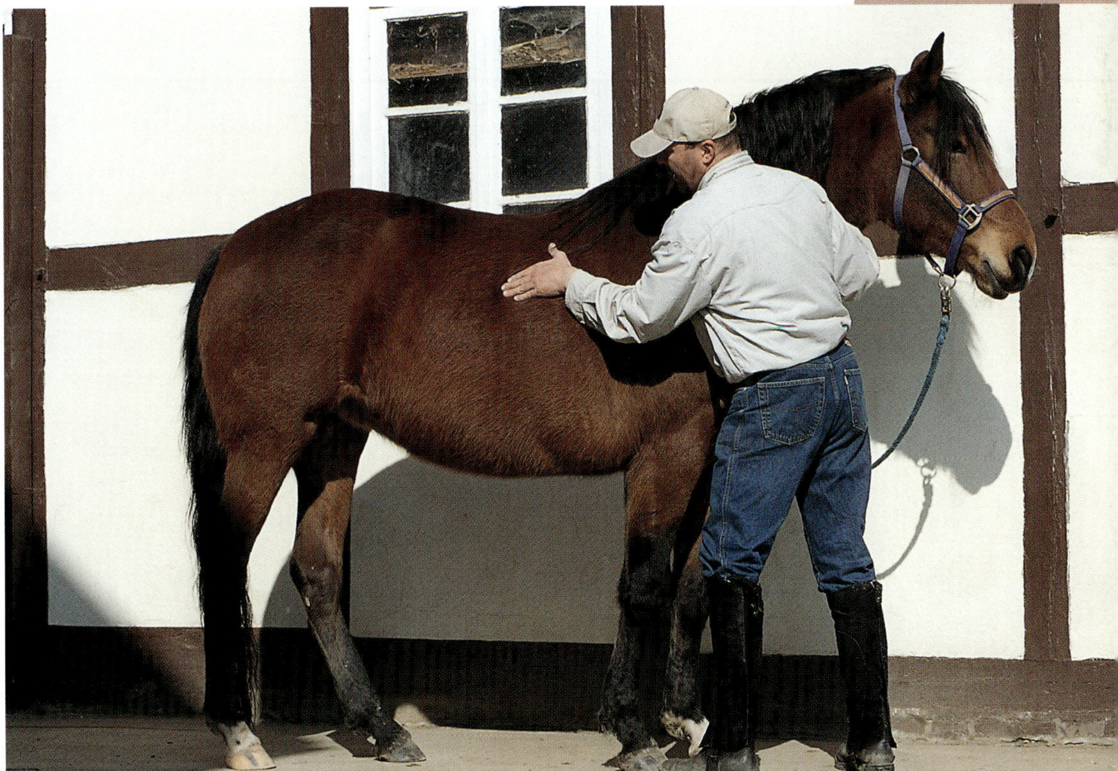

Tabelle 6: Durchschnittsgewicht Pferd

Durchschnittlich wiegen:	
Ein Pony von 1,25 m Stockmaß	300 Kilogramm
Ein Kleinpferd von 1,45 m Stockmaß	425 Kilogramm
Ein Vollblut von 1,55 m Stockmaß	480 Kilogramm
Ein Warmblut von 1,65 m Stockmaß	600 Kilogramm
Ein Kaltblut von 1,65 m Stockmaß	700 Kilogramm

es und berechnet das Gewicht, um einen Anfangswert zu erhalten, mit dem man spätere Gewichtsveränderungen vergleichen kann.

Tabelle 6 gibt einen groben Anhaltspunkt über Gewicht und Stockmaß von Pferden.

Hat man sein Pferd in einen bestimmten Konditionszustand eingeordnet, wird überlegt, welche Maßnahmen in der Ernährung, Haltung und Bewegung erforderlich sind, damit das Pferd abnimmt.

Ernährungsumstellung

Zunächst muss der Gesamtfutterbedarf neu errechnet und entsprechend korrigiert werden (siehe „Berechung der Futterration„). Grundsätzlich benötigt ein Pferd für den Erhaltungsbedarf etwa zwei Prozent seines Körpergewichts täglich (Rau-, Kraft-, Saftfutter). Soll es abnehmen, reduziert man die Gesamtfuttermenge auf 1,5 Prozent des Körpergewichts.

Rohfaserreiches Futter

Als Diätfutter eignen sich energiearme Futtermittel wie älteres (aber einwandfreies!) oder spät geerntetes Heu und gutes Futterstroh, die sättigen, aber nicht ansetzen. Um sich satt zu fühlen und eine ungestörte Verdauung zu garantieren, braucht das Pferd mindestens ein Kilo Raufutter pro 100 Kilo Lebendmasse täglich und muss mindestens sechs, besser acht Stunden am Tag kauen können. Um die Fresszeiten zu verlängern, kann das Raufutter in engmaschigen Heunetzen (man kann auch zwei normale Netze übereinander ziehen) angeboten werden. Raufutter muss immer mit einem guten Mineral-Vitamin-Futtermittel sowie einem Salzleckstein ergänzt werden.

Kraftfutter nach Maß

Kraftfuttergaben müssen im richtigen Verhältnis zum Energieverlust, also zum Verbrennen von Kalorien während des Bewegens stehen. Als Kraftfutter eignen sich Hafer oder energiearme Light-Fut-

An einem Heu-Stroh-Gemisch frisst das Pferd länger.

termittel. Bei zusätzlichem Weidegang kommen leichtfuttrige Pferde auch ohne Kraftfutter aus.

Kontrollierter Weidegang

Die Grasaufnahme sollte durch Portionierung, Verkürzung der Weidezeit oder wo das nicht möglich ist, durch gut angepasste Fressmaulkörbe oder durch die Verbringung auf schwach gedüngte Magerweiden eingeschränkt werden.

Bei unbegrenztem Weidegang grasen Pferde je nach Aufwuchs etwa zehn bis fünfzehn Stunden täglich. Mittelgroße Pferde nehmen dabei rund 30 Kilo Grünfutter am Tag auf, also im Durchschnitt circa zwei bis drei Kilo pro Stunde. Das Verhältnis von Frischgras zu Heu ist etwa eins zu vier, also sechs Kilo pro Tag beziehungsweise 500 Gramm pro Stunde.

Hinsichtlich der Gesamtfuttermenge muss also je nach Menge der Grünfutteraufnahme Heu abgezogen und durch Futterstroh ergänzt werden.

Bedenken muss man allerdings, dass sich die Grasungsintensität bei zeitlich eingeschränktem Weidegang erhöht, bei einigen Pferden und üppigem Aufwuchs sogar verdoppeln kann. Soll ein Pferd also abnehmen, ist stundenweiser Weidegang nur auf Wiesen mit weniger üppigem Aufwuchs sinnvoll.

Zufütterung unterbinden

Das unkontrollierte Zufüttern sollte durch entsprechend aufklärende Schilder an der Box oder am Weidezaun unterbunden werden. Anstatt Brot, Zucker oder Leckerli kann kalorienarmes Obst oder Gemüse wie Mohrrüben, Äpfel, Birnen oder Rote Bete als Belohnung zugefüttert werden.

Als Beschäftigung und Knabberausgleich auf dem Auslauf oder in der Box eignen sich zudem Äste und Zweige von (ungiftigen!) Laub- und Nadelhölzern.

Veränderte Haltungsbedingungen

Die Art der Haltung und der Einstreu muss geprüft und überdacht werden. Lebt das übergewichtige Pferd in einer Gruppenhaltung, sollte man es während der Fresszeiten beobachten, um herauszufinden, ob es möglicherweise mehr Futter (Raufutter) zu sich nimmt, als es sollte. Ist seine Kauschlagfrequenz höher als die seiner Artgenossen? Ist es dadurch schneller fertig als die anderen und sucht die Raufutterplätze der anderen auf, um sich daran zu bedienen? Holt es sich auf der Weide Gras von Geilstellen, welches die anderen verschmähen? Frisst es endlos das ganze Stroh auf?

Stellt man fest, dass einige oder sogar alle der oben genannten Punkte zutreffen, müssen Gegenmaßnahmen getroffen werden. Hierzu gehören unter anderem das Separieren während der Fresszeiten, kürzere Weidezeiten oder abgesteckte Weidezonen mit wenig Gras, Fressmaulkorb sowie Änderung der Einstreuart (zum Beispiel von Stroh auf Späne), ausreichend große Laufflächen und lange Wege zwischen Futterplätzen und Liegeflächen oder Tränken, die die Pferde zu mehr Bewegung veranlassen.

Trainingsprogramm

Am wichtigsten für das Abspecken ist jedoch das tägliche Bewegen des Pferdes, bei dem es gefordert, aber nicht überfordert werden soll. Vor allem extrem fette Pferde, deren Kreislauf und Gelenke ohnehin durch das Übergewicht stark beansprucht sind, sollte man am Anfang nicht mit Mammutritten, schweren Reitern oder durch Herumjagen an der Longe oder im Roundpen überlasten.

Geeignet sind dagegen Handpferdereiten, Joggen mit dem Pferd oder flotte Ein-Stunden-Ritte mit längeren Trabreprisen, kurzen Galoppaden und abwechslungsreichem, hügeligen Gelände, wo die Pferde vor allen Dingen auch mal ins Schwitzen kommen. Sinnvoll ist in der ersten Zeit auch ein lauffreudiger, befreundeter Artgenosse als Partner, der das dicke und meist träge Pferd anspornt und zum Laufen animiert. Je mehr das Pferd an Gewicht verliert, umso motivierter wird es werden. Mit wachsender Kondition wird dann auch die Leistung allmählich gesteigert.

Durch die vermehrte Bewegung bei gleichzeitigem Übergewicht können anfänglich so genannte synoviale Schwellungen (*Synovia*: Gelenkschmierung) an den Fesselgelenken – ähnlich wie Gelenksgallen – auftreten, die aufgrund der vermehrten Produktion von Gelenksflüssigkeit entstehen, aber durch Bewegung wieder abgebaut werden. Deshalb sollte man die Fesselgelenke nach der Arbeit ausgiebig mit kaltem Wasser kühlen oder mit Kühl- oder Sportgel einreiben.

Die allmähliche und kontinuierliche Gewichtsabnahme ist beim übergewichtigen Pferd sehr wichtig. Je nach dem wie viel das Pferd abspecken muss, braucht es einige Wochen bis einige Monate, bis es seinen idealen Futterzustand erreicht hat. Nach etwa vier Wochen sollten aber erste Erfolge sichtbar, fühlbar oder messbar sein. Um das erzielte Wunschgewicht zu halten und eine erneute Gewichtszunahme zu vermeiden, müssen Fütterung und Weidegang auf das neue Körpergewicht eingestellt werden.

Wichtig für eine dauerhaft schlanke Linie ist vor allem die regelmäßige, möglichst tägliche Bewegung.

Zu Beginn des Trainingsprogramms bietet sich das Joggen mit Pferd an, bei dem es nicht noch zusätzlich durch das Reitergewicht belastet wird.

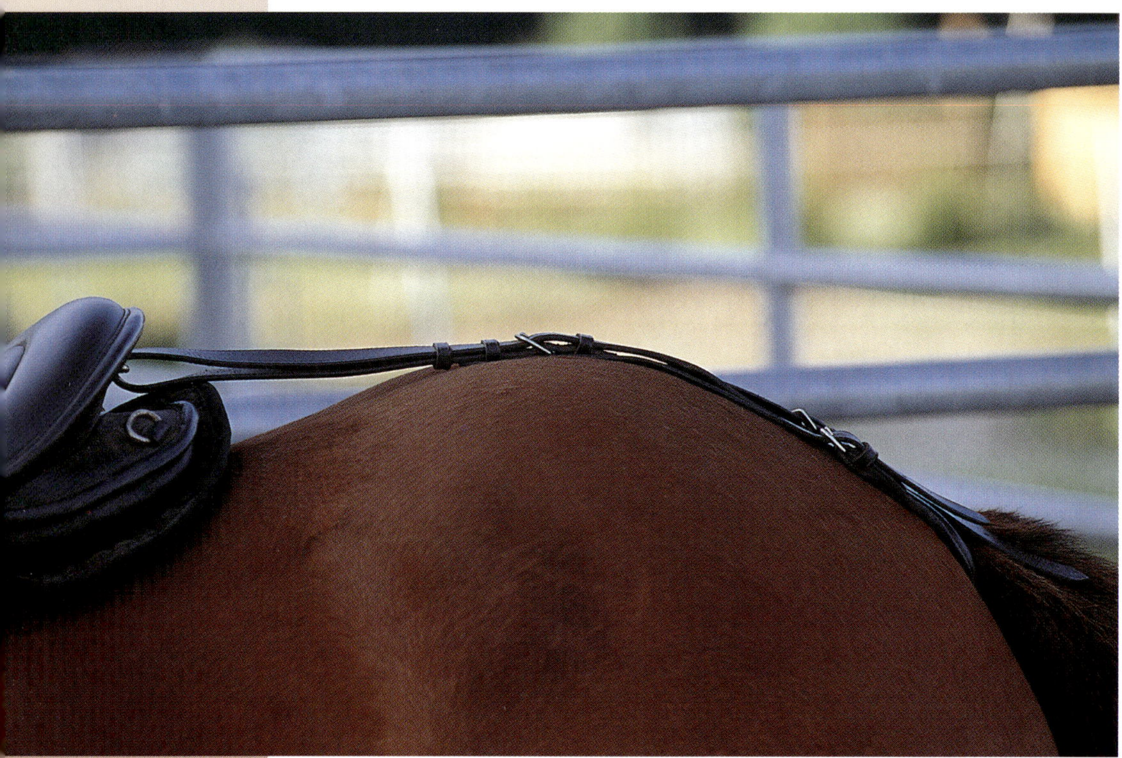

Schweifriemen verhindern das Verrutschen des Sattels nach vorne.

Ausrüstung für dicke Pferde

Der feste Sitz des Sattels ist bei runden Pferden mit wenig ausgeprägtem Widerrist oft ein Problem. Damit der Sattel nicht auf den Hals rutscht, kann man entweder einen Vorgurt oder einen Schweifriemen verwenden.

Alle Gegenmaßnahmen richten sich nach den entsprechenden Ursachen der Fettleibigkeit und sollten nach einem individuellen Diät- und Trainingsplan konsequent durchgeführt werden. Diesen Trainingsplan sollte man schriftlich zum Beispiel in tabellarischer Form aufstellen, damit man stets den Überblick behält und Fortschritte, aber auch Rückschläge protokollieren kann. Eine Dokumentation trägt zusätzlich zur Objektivierung bei und verhindert subjektive Empfindungen. Der Trainingsplan sollte folgende Kriterien enthalten, die täglich beziehungsweise wöchentlich aktualisiert werden: Datum, Art und Dauer der Bewegung, Art und Menge des Futters, Bauchumfang durch Bandmessung in Zentimeter, Länge in Zentimeter (einmalig; konstanter Wert), Berechnung des Körpergewichtes durch Formel sowie Anmerkungen über Auffälligkeiten (Notengebung durch Body-Condition-Score, Entwicklung von punktuellen Problemzonen, eventuell auftretende Krankheiten, Gemütszustand von träge bis rege).

Tabelle 7 zeigt das dreimonatige Protokoll eines durchgeführten Trainingsprogramms mit einer siebenjährigen Mangalarga-Marchador Stute und ist ein Beispiel einer erfolgreichen Gewichtsreduzierung (zehn Prozent in drei Monaten):

Datum	Bewegung	Dauer (Std)	Futter (kg) (Heu-Stroh-Hafer)	Umfang Bandmessung/Länge 135 cm			Gewicht (kg)	Anmerkungen
				BO	BM	BU		
07.03.2002	Geländereiten	1,5	5-3-1	206	222	194	487	**Anfangstag** BodyCondition Score Note 7,5 (dick-fett)
08.03.2002	Gelände Joggen	1,5	4,5-3-0,5	…	…	…		
09.03.2002	Geländereiten	1,5	4,5-3-0,5	…	…	…		
10.03.2002	–	–	3-3-0,5	…	…	…		Pferd ist träge; synoviale Schwellungen im Bereich der Fesselgelenke
11.03.2002	Reitplatz Freilauf	0,5	4-3-0,5	…	…	…		
12.03.2002	Geländereiten	1,0	4-3-0,5	…	…	…		
13.03.2002	Reitplatz Freilauf	0,5	3,5-3-0,5	203	217	190	470	
20.03.2002	…	…	…	…	…	…	…	ähnlich wie 1. Woche

BO/BM/BU = Bauchumfang oben/mitte/unten: Messung des Bauchumfangs im Bereich der Sattellage direkt am Bein/4-6 Zentimeter vor dem Bein/ca. 10 Zentimeter vor dem Bein geteilt durch 3 ergibt genauen arithmetischen Wert.

Tabelle 7

Datum	Bewegung	Dauer (Std)	Futter (kg) (Heu-Stroh-Hafer)	Umfang Bandmessung/Länge 135 cm			Gewicht (kg)	Anmerkungen
				BO	BM	BU		
21.03.2002	Reitplatz Freilauf	0,5	3-3-0,5	198	213	190	455	
22.03.2002	Geländereiten	1,5	3-3-0,5					Beginn 3. Woche Pferd wird zunehmend munter; Fettpolster an der Unterbrust sichtbar kleiner; synoviale Schwellungen kaum mehr vorhanden
23.03.2002	Reitplatz Freilauf	0,5	3-3-0,5	…	…	…		
24.03.2002	Geländereiten	1,0	3-3-0,5	…	…	…		
25.03.2002	–	–	2,5-3-0,5	…	…	…		
26.03.2002	Gelände Joggen	2,0	2,5-3,5-0,5	…	…	…		
27.03.2002	Geländereiten	1,0	2,5-3,5-0,5	…	…	…		
03.04.2002	…	…	…	196	212	188	447	ähnlich wie 3. Woche

Datum	Bewegung	Dauer (Std)	Futter (kg) (Heu-Stroh-Hafer)	Umfang Bandmessung/Länge 135 cm			Gewicht (kg)	Anmerkungen
				BO	BM	BU		
04.04.2002	Reitplatz Freilauf	0,5	2,5-3,5-0,5	...	...	...		
05.04.2002	Geländereiten	1,5	2,5-3,0-0,5	...	...	...		5. Woche: Pferd sichtbar lebhafter; Konturen am Rumpf schärfer; Rippen deutlicher fühlbar; synoviale Schwellungen nicht mehr vorhanden; Body Condition Score Note 7,0 (dick)
06.04.2002	Reitplatz Freilauf	0,5	2,5-3,5-0,5	...	...	...		
07.04.2002	Geländereiten	1,0	2,5-3,0-0,5	...	...	...		
08.04.2002	–	–	2,5-2,5-0,5	...	...	...		
09.04.2002	Gelände Joggen	2,0	2,5-3,0-0,5	...	...	...		
10.04.2002	Geländereiten	1,0	2,5-3,0-0,5	195	210	187	441	
17.04.2002	wie zuvor	w. o.	2,5-2,5-0,5	194	208	185	434	6. Woche
24.04.2002	wie zuvor	w. o.	2,5-2,5-0,5	195	209	185	437	7. Woche
01.05.2002	wie zuvor	w. o.	2,5-2,5-0,5	193	207	183	428	8. Woche
08.05.2002	wie zuvor	w. o.	2,5-2,5-0,5	195	209	185	437	9. Woche

Tabelle 7

Datum	Bewegung	Dauer (Std)	Futter (kg) (Heu-Stroh-Hafer)	Umfang Bandmessung/Länge 135 cm			Gewicht (kg)	Anmerkungen
				BO	BM	BU		
15.05.2002	wie zuvor	w. o.	2,5-2,5-0,5	196	210	187	443	10. Woche
22.05.2002	wie zuvor	w. o.	2,5-2,0-0,5	195	208	185	435	11. Woche
29.05.2002	ähnlich wie in den Wochen zuvor; mäßige Steigerung		2,5-2,5-0,5	194	207	184	431	12. Woche Pferd bekommt akzeptablen Trainingszustand; Body Condition Score Note 6,5 (rundlich-dick)

Ergebnis nach drei Monaten Aufbautraining und reduzierter Futterration:

Noteneinstufung Body Condition Score runter von 7,5 (dick bis fett) auf 6,5 (rundlich bis dick), Gewicht von 487 (Anfangszustand) auf 431 Kilogramm gesunken ermittelt durch Messen und Rechnen.

Anhang: Adressen und Zahlentafel

Formel:

Energiebedarf (MJ) = O,6 MJ/kg x Körpergewicht 0,75 (hoch 0,75)

beziehungsweise

Eiweißbedarf (g) = 3 g Rohprotein/kg x Körpergewicht 0,75 (hoch 0,75)

Tabelle 8 (Zahlentafel zur Formel Seite 56):

Gewicht	$Gewicht^{0,75}$	Gewicht	$Gewicht^{0,75}$	Gewicht	$Gewicht^{0,75}$	Gewicht	$Gewicht^{0,75}$
300	72,1	400	89,4	500	105,7	600	121,2
310	73,9	410	91,1	510	107,3	610	122,7
320	75,7	420	92,8	520	108,9	620	124,2
330	77,4	430	94,4	530	110,5	630	125,7
340	79,2	440	96,1	540	112,0	640	127,2
350	80,9	450	97,7	550	113,6	650	128,7
360	82,6	460	99,3	560	115,1	660	130,2
370	84,3	470	100,9	570	116,6	670	131,7
380	86,1	480	102,5	580	118,2	680	133,2
390	87,8	490	104,1	590	119,7	690	134,6

Adressen:

Fressmaulkorb AS,
engmaschige Heunetze
Kirchhofs Rott 7
49525 Lengerich
Tel: 05482 925855 Fax: 925825
www.as-das-pferd.de

Zubehör für dicke Pferde
(Fressmaulkorb, Heunetze,
Vorgurte, Schweifriemen)
FRZ-Offenthal, H. Riemekasten
Birkenau 9
66303 Dreieich-Offenthal
Tel.: 06074 61414

Düngeempfehlungen durch
Bodenprobe für extensive Weiden
Landwirtschaftliche Untersuchungs-
und Forschungsanstalt (LUFA)
Nordrhein-Westfalen
Nevinghoff 40
48147 Münster

Mobile Pferdewaage
Manfred Müller, Crailsheim
Tel.: 07967 710541

Masterhorse Rations-Check
www.masterhorse.de/rations-check

Futterberechnung durch Internet
www.futtermeister.de